L'ASCESA DEGLI AMERICANI DI ORIGINE ITALIANA
Il diario candido di un osservatore culturale

THE RISE OF AMERICANS OF ITALIAN DESCENT
The Candid Diary of a Cultural Observer

L'ASCESA DEGLI AMERICANI DI ORIGINE ITALIANA
Il diario candido di un osservatore culturale

THE RISE OF AMERICANS OF ITALIAN DESCENT
The Candid Diary of a Cultural Observer

Vincenzo Marra

BORDIGHERA PRESS
NEW YORK, NEW YORK

Robert Viscusi Essay Series
Volume 7

*This book series is dedicated to the long essay. It publishes those
studies that are longer than the traditional journal-length essay and yet shorter
than the traditional book-length manuscript.*

COVER IMAGE: world renown artist, Alessandro (Alex) Marrone

English version edited by Ilaria Marra

ISBN 978-1-59954-210-2
Library of Congress Control Number: *available on request*

BORDIGHERA PRESS
John D. Calandra Italian American Institute
25 West 43rd Street, 17th Floor
New York, NY 10038

TABLE OF CONTENTS

FOREWORD

Anthony Julian Tamburri

In his *L'ascesa degli americani di origine italiana*, Vincenzo Marra gives us, as his subtitle states, a candid diary of his years as a "cultural observer" with two of the most prominent Italian/American organizations, the National Italian American Foundation (NIAF) and the Order Sons and Daughters of Italy in America (OSIA, also OSDIA).

As one travels through this concise, engaging cultural autobiography, as I would call it, of Marra's many experiences, one realizes that he was much more than an observer. If by "observe," we mean to notice and thus perceive something, understand it as being significant, and then act on it, we see that Marra was indeed a keen onlooker. At times, a fly on the wall, other times, an active participant. His work for NIAF and OSIA, especially, are testimony to these two roles he has and continues to play over the thirty-plus years among Italians and Italian Americans.

Anthony Julian Tamburri

Nel suo *L'ascesa degli americani di origine italiana*, Vincenzo Marra ci offre, come lo comunica il sottotitolo, un candido diario degli anni trascorsi come "osservatore culturale" presso due delle più importanti organizzazioni italiano/ americane, la National Italian American Foundation (NIAF) e l'Order Sons and Daughters of Italy in America (OSIA, ovvero OSDIA).

Percorrendo questa concisa e coinvolgente autobiografia culturale delle diverse e variegate esperienze di Marra, ci si rende conto che egli è stato molto più di un osservatore. Se per "osservare" intendiamo notare e allo stesso tempo percepire qualcosa, comprenderlo come significativo e poi agire di conseguenza, vediamo che Marra era davvero un attento osservatore. A volte, una mosca sul muro, altre volte, un partecipante attivo. Il suo lavoro per la NIAF e per l'OSIA, in particolare, testimonia questi due ruoli che ha svolto nel passato e continua tutt'ora da oltre trent'anni tra gli italiani e gli americani italiani.

RINGRAZIAMENTI

Ringrazio di cuore mia moglie Susy, mia figlia Ilaria, mia nipote Lavinia, e una lista infinita di Amici che mi hanno dato così tanto da dover usare un altro libro per menzionarli tutti. E alla base di tanta fortuna, ringrazio chi veramente mi ha dato tutto quello che mi ha permesso di vivere il '900 tra tanti protagonisti del secolo scorso. Parlo della mia Patria adottiva, parlo dell'America che mi ha anche permesso di ricevere il titolo di Cavaliere nel Paese dove sono nato, l'Italia. Una gratitudine infinita mi lega a questa "terra delle opportunità" dove ho trovato la possibilità di avere una Famiglia orgogliosa di me e di tutto quello che ci ha permesso di fare insieme.

Tutti i miei Amici, a partire dall'editore del mio modesto saggio storico, capiranno che sono stati (e sempre saranno) parte di quel sogno americano che non sono i dollari. Il sogno è il caleidoscopio culturale che ti affascina, ti rapisce, e ti catapulta nella convinzione che, se puoi sognarlo, puoi farlo.

Grazie all'America che mi ha dato quello che sognavo da bambino e grazie a tutti coloro che ho incontrato e a quelli che ancora sono con me. Grazie per avermi aiutato a fare del mio sogno una realtà che sembra ancora un sogno che non finisce mai.

ACKNOWLEDGMENTS

I thank wholeheartedly my wife Susy, my daughter Ilaria, my granddaughter Lavinia, and an endless list of Friends who have given me so much that I would have to write another book to mention them all. And at the base of so much good fortune, I thank those who truly gave me everything that allowed me to experience the second half of the twentieth century among so many protagonists. I speak of my adopted homeland, I speak of America, which also allowed me to receive the title of Knight in the country where I was born, Italy. Endless gratitude binds me to this "land of opportunity" where I found the chance to have a Family proud of me and all that it has allowed us to do together.

All my Friends, starting with the editor of my modest historical essay, will understand that they have been (and always will be) part of that American dream that is not in dollars. The dream is the cultural kaleidoscope that fascinates you, enraptures you, and catapults you into the belief that if you can dream it, you can do it.

Thank you to America that gave me what I dreamed of as a child and thank you to all those I met and to those who are still with me. Thank you for helping me make my dream a reality that still feels like a dream that never ends.

Io so di non sapere. È sapiente solo chi sa di non sapere, non chi si illude di sapere e ignora così perfino la sua stessa ignoranza.
—Socrates

Una testimonianza senza pretese, oggettiva per quanto i miei ricordi permetteranno di esserlo. Il più possibile sintetica su fatti che cercherò di presentare come li ho visti e vissuti, in maniera più neutrale possibile. Una descrizione con frasi brevi, concise, per informare chi legge sulla storia di un recente storico successo, il nostro successo: gli americani di origine italiana. Un invito a cercare altre testimonianze per non dimenticare.

Mio suocero, americano di prima generazione, figlio di un napoletano verace, fece tutta la campagna d'Italia nella Seconda guerra mondiale. Amava l'Italia mentre aveva difficoltà a comprendere gli Italiani e spesso ripeteva: "Se le parole fossero energia, l'Italia sarebbe una potenza planetaria dominante". Sebbene scorresse sangue italiano nelle sue vene, il vecchio Dominic (Nick) Fittipaldi, era un vero americano poco tollerante con la retorica del Bel Paese. Il mio primo approccio con New York fu la stessa sera che arrivai a casa dei miei futuri suoceri (6 febbraio, 1971). Era così freddo che Nick era alle prese con un problema tipico dei luoghi freddi: il gelo aveva spaccato i tubi dell'acqua della sua bellissima casa di Flushing. Due operai cercavano disperatamente di spiegare a Nick che avrebbero dovuto sostituire i tubi che si erano spaccati e per farlo avrebbero dovuto attendere che la temperatura fosse salita da -16 gradi almeno a zero. Gli operai, per Nick, erano italiani perché parlavano una lingua che lui non riusciva ad interpretare. "*Vincenzo, come here, speak to these people and tell me what they are saying!*" (Vincenzo vieni qui e parla con questi signori e traduci quello che mi stanno dicendo) – "*Ci dicesse a 'u boss che le pippe s'hanno frisate e tenimmo da ciangiarle con le pippe de castagna … ma iddu nun lo capisce!*" Non vi dico la rabbia di Nick quando confessai di non aver capito una parola di quello che quei due poverini mi avevano spiegato. Solo dopo davanti ad un caldo caffè americano, preso in casa, riuscimmo a

1

tradurre la lingua che usavano gli operai per comunicare. "Dica al boss che i tubi (*pipes*= *pippe*) erano congelate (*frozen=frisate*) e dovevano essere cambiate (*ciangiate*) con tubi di ghisa (*cast iron=castagna*). Il mio primo approccio con gli italo americani e la loro relazione con gli americani di origine italiana.

Sono passati 52 anni e ne ho spesi (dal 1980 al 2005) lavorando per migliorare quel rapporto tra italiani e Americani di origine italiana scoprendo che la divisione storica delle regioni italiane, continua a rigenerarsi con questa nuova cultura italo americana. Dal 2004 ad oggi continuo a lavorare per lasciare una testimonianza vissuta, alle nuove generazioni alle quali ho proposto la mia nuova idea di fondazione, Italian Language Inter-Cultural Alliance (ILICA). Il senso di protagonismo, così bene illustrato da Beppe Severgnini nei suoi libri capolavoro sugli italiani, si aggiunge oggi un nuovo elemento: la cultura degli italiani all'estero. La "madre patria" degli ispanici di origine sudamericana, ha cominciato a prendere una sua identità nazionale (Guatemala, Equador, Perù, Venezuela…) alla fine degli anni '60 del secolo scorso. La maggior parte del sud America continua, comunque, a parlare la "madre lingua", cosa che gli americani italiani hanno perso.

Una cultura senza la lingua diventa più debole e vulnerabile. I figli degli emigrati italiani assorbono velocemente la lingua del posto dove sono nati diventando automaticamente tedeschi, australiani, canadesi, americani, e così via. Tale fenomeno ha consentito ai figli degli emigrati di inserirsi velocemente nel tessuto sociopolitico dei paesi dove i loro padri erano emigrati, arrivando fino ai vertici politici ed economici di quei paesi.

I frequenti ritorni degli individui di successo, fuori dai confini del Bel Paese, testimoniano il ricordo della loro ascesa nelle varie scale sociali dove i loro nonni approdarono per dare una vita migliore ai figli e ai loro nipoti. Tutti hanno un denominatore comune: tornano al paesello da dove erano partiti i loro antenati per cercar fortuna fuori dall'Italia. Una volta scoperta la propria radice, è normale il volere conoscerla meglio, fosse anche solo per curiosità. Si può parlare di identità italiana? Alcuni di quei paesi sono addirittura spariti causa la grande emigrazione. Scusate il prologo, tanto dettagliato quanto necessario, per meglio comprendere la realtà della comunità italo americana negli USA.

IL SUCCESSO DEGLI AMERICANI DI ORIGINE ITALIANA

Gli italiani delle prime emigrazioni in America, salvo rarissime eccezioni, hanno perduto la loro lingua e basta leggere *A Politics of [Self-]Omission* del Professor Anthony Julian Tamburri, per averne le prove storiche. Noi vorremmo invece offrire la nostra testimonianza, vissuta ai vertici delle organizzazioni italo americane del XX secolo (che ancora vivono nel XXI), per cercare di capire la futura evoluzione di questa nuova cultura. I vari contrasti di opinione che si percepiscono, appaiono come una "pausa di riflessione", causata dagli eventi noti a tutti (pandemia, guerre) dove starebbero cercando di inserirsi alcuni quei personaggi ai quali Tamburri, senza mezzi termini, dedica il suo libro. Un leader non si improvvisa, una leadership è sempre legata più all'acclamazione del leader stesso che alla sua nomina. E grazie al Professor Tamburri, abbiamo appreso che si stanno cercando nuovi leader che abbiano il coraggio di essere acclamati verso la pretesa di essere nominati o peggio "auto nominarsi".

È difficile trasmettere cosa si vuol rappresentare senza possedere le nozioni, storico-culturali, necessarie per rappresentare un fenomeno che non si conosca a fondo. Sembra uno scioglilingua mentre potrebbe essere solo una realtà che viene da lontano. Dal 2019, causa la pandemia e altre disavventure, ho speso gli ultimi tre anni, dal 2020 al 2023, più tempo in Italia che negli USA. A parte la facile battuta che questa mia forzata residenza italiana ha confermato la scelta fatta nel 1971 andando a vivere a New York, non ho mai dimenticato la lingua italiana. Mia moglie Susy, sempre presente nella mia vita, ha condiviso con me la scelta di far crescere la nostra unica figlia con lo stesso amore che legava noi al Bel Paese. Inutile aggiungere che l'Italia degli anni '70 presentava già una crisi che, per quanto seria e complicata, non avrebbe potuto prevedere l'Italia di oggi. Anche l'America e New York sono cambiate moltissimo e qui, camminando sulle sabbie mobili, mi astengo da qualsiasi commento perché leggendo il libro di Tamburri si possono comprendere opinioni e giudizi difficili, grazie ad una dialettica che solo una mente sopraffina, con vocaboli propri di un celebrato Accademico, riesce a comunicare. Chiaramente il contrario del mio comunicare che contempla solo lo spirito di un osservatore semplice e il più possibile neutrale.

Se poi leggiamo il giudizio di uno dei padri della sociologia americana, William Isaac Thomas (1863-1947), noi italiani eravamo già stati condannati, prima ancora di essere stati giudicati. Thomas scriveva comunque nel momento più drammatico di quella espressione geografica definita Italia, che diventò "Italia" unita solo nel 1861. La prima costituzione italiana (1861), ispirata alla costituzione francese, fu scritta in francese. Gli abitanti del Bel Paese, da sempre divisi in piccoli staterelli feudali, avevano partecipato alla Prima guerra mondiale con un esercito semianalfabeta, diviso da dialetti incomprensibili tra gli stessi reparti militari. Nello sforzo ciclopico di educare e creare uno nuovo stato unitario, le fughe dalla Penisola furono bibliche e piene di speranza di trovare una vita migliore in un nuovo mondo. Fu normale per il capo della scuola di Chicago, Thomas (fino al 1918), lasciarci la definizione di quell'orda di disperati che, con ogni mezzo, arrivavano in America: *"I loro figli, anche se nati in America, saranno sempre "incorreggibili italiani" a causa della loro forte individualità e dei loro nomi originali, sonori e difficili."*. Il richiamo del Professor Tamburri alla condizione degli africanoamericani e di altre bibliche fughe dai moderni Paesi più poveri, in guerra e di "diversi colori e culture", appare tragicamente attuale. Contemporaneamente il virginiano Thomas enunciava il suo famoso teorema: *"If men define situations as real, they are real in their consequences."* *(Se gli uomini definiscono reali le situazioni, esse saranno reali nelle loro conseguenze")*. Tale teorema, conosciuto come "la definizione della situazione", costituisce ancora oggi, una delle "regole" più importanti delle leggi sociali mondiali.

Il richiamo a William I. Thomas mi è sembrato necessario per informare il lettore sul mio primo impatto da immigrato italiano in

America (New York) dell'inizio anni '70 del secolo scorso. Nel 1971 incontrai il deputato eletto nel Bronx, Mario Biaggi, un ex poliziotto, totalmente dedicato al servizio degli italiani che, come me, adesso emigravano per scelta. Mi procurò subito due incontri con Western Union e ITT dove imparai la prima lezione del nuovo mondo: niente amici o nepotismo, il lavoro si otteneva solo in base al merito e alla competenza. Cambiai obiettivo e per imparare dal basso la nuova cultura, iniziai a lavorare scaricando sacchi di cemento. Nel futuro avrei incontrato di nuovo il braccio destro di Mario Biaggi nella NIAF e, ancora oggi, siamo rimasti buoni amici con Bob Blancato, stimato grande avvocato di uno degli studi legali più prestigiosi di Washington.

Importante sarebbe stata la mia prima esperienza vis-à-vis il fenomeno del razzismo che in Italia era praticamente sconosciuto per i giovani della mia generazione. Il primo viaggio che feci sul camion carico di cemento, si fermò al World Trade Center, ancora in costruzione. La prima guida mi chiese di scendere dal camion, una volta a destinazione, per scaricare 200 sacchi di cemento da 25Kg. l'uno. Chiesi al guardiano africano/americano del cantiere se avessi potuto usare il sollevatore (*lift*) per scaricare rapidamente i sacchi. L'uomo rispose che non avevano il lift che era visibilmente parcheggiato davanti ai nostri occhi, vicino al bagno chimico. Rispose con supponenza che avrei dovuto farlo a mano. Prima che io potessi replicare, la prima guida scese dal camion e mi intimò di iniziare a scaricare mentre lui, da sopra, mi avrebbe messo i sacchi, uno dopo l'altro, sulle spalle. L'ultimo sacco sembrò pesasse più di 100 Kg. e lo scaricai con rabbia e furore. A questo punto chiesi al guardiano se avessi potuto usare il bagno chimico, era agosto e la fatica e il caldo volevano dare una pausa al mio fisico, forte e vigoroso, di giovane ventiquattrenne. Il guardiano mi rispose di trovare un'altra soluzione perché il bagno era riservato agli operai del cantiere. Il mio tentativo di reazione non passò inosservato alla prima guida che mi trascinò di peso sul camion spiegandomi che lui ci teneva al suo lavoro. Visibilmente contrariato gli chiesi cosa avessi fatto io a quel signore per essermi così ostile. Mi rispose che ero giovane, forte, bianco e con un accento strano. Lui rivendicava, come nero discriminato, la sua posizione di responsabile di un importante cantiere mortificando le richieste di colui che riteneva un ospite poco gradito. Restituiva in pratica un po' del razzismo del quale la sua gente era stata oggetto per oltre 200 anni. Vi risparmio il tono della conversazione tra me e la prima guida del mio camion mentre vi assicuro, come avete appena letto, l'episodio non l'ho mai dimenticato.

Un anno da camionista, nel campo delle costruzioni, mi convinsero a rimettermi la cravatta per dare il giusto valore a tutti gli anni spesi sui libri. Avevo acquisito anche una certa padronanza della lingua inglese che mi permise di lavorare dall'ufficio della Italcable, le telecomunicazioni italiane, sito al 102° piano della seconda torre del World Trade Center. Vivevo la vita di noi, nuovi americani di origine italiana, leggendo, frequentando e celebrando tutto quello che, in qualche modo, mi legava ancora a Roma. Dopo dieci anni e tante amicizie nei vari settori della nostra comunità, nacque Ilaria, la nostra unica figlia. Perdo il mio lavoro in maniera incredibile perché rifiuto di tornare in Italia (entro 72 ore!) per un posto di manager, presso la direzione generale da dove avevo lasciato.

Questa mia storia inizia alla metà di novembre del 1981 quando volai a Detroit per incontrare il nuovo Presidente della National Italian American Foundation (NIAF) Frank D. Stella. Avevo raccolto una serie di informazioni che indicavano in un gruppo di "strani mediatori italiani", l'invito ad aprire un dialogo, per un improbabile interesse della finanziaria delle telecomunicazioni con i vertici della neonata NIAF. Giovane senza grandi esperienze, interessato solo al proprio lavoro, avevo deciso di denunciare la presenza di quanto presumibilmente appreso, al nuovo presidente. Dopo due giorni a Detroit e una lunga conversazione con il presidente di questa nuova Fondazione di americani italiani, Mr. Frank D. Stella, mi invitò a pranzare con lui iniziando l'indimenticabile pranzo con *"Giovane amico, devo ancora decidere se tu sia un incosciente o un uomo coraggioso. Credo che in entrambi i casi tu potresti essere più utile a me che io a te. Sono stato appena eletto e ancora sto cercando di capire come creare un nuovo progetto operativo per la NIAF. Forse potremmo impostare il progetto lavorando insieme."* Cominciò così un dialogo che si interromperà nel 2010 con la morte del Chief, come io mi riferivo sempre all'Uomo che cambiò la mia vita. Per lui, fino all'ultimo, io fui sempre il suo "Boy". Iniziamo da Monsignor Geno Baroni, il fondatore della NIAF, nel 1976, e Jeno Paulucci che fu il primo Presidente e finanziatore della stessa mentre Frank Bonora fu il primo direttore nazionale. Jeno, un uomo di successo, *self-made man*, era l'anima democratica della nuova idea di una fondazione italo americana che, fuori dai Sons of Italy, avrebbe raccolto tutti gli uomini e donne di successo, americani di origine italiana, per amplificare la parte positiva di un gruppo etnico, vittima di stereotipi ormai considerati ridondanti e dannosi, per i figli e i nipoti di quel lontano gruppo di emigrati analfabeti.

Considerato l'impegno economico e personale di Jeno, si può ben dire che fu lui, da solo, a creare la NIAF. L'idea originale era IAF (Italian American Foundation) e fu Monsignor Geno Baroni ad insistere sulla "N" di National, perché raggiungesse anche gli americani di origine italiana che si trovavano negli Stati fuori dalla costa Est ovvero dalla California. Il Professor Tamburri denuncia con coraggio l'ignoranza storica di chi vorrebbe oggi riscrivere la storia. Abbiamo infatti documenti delle interviste recenti di personaggi responsabili che, in perfetta buona fede, cercano di spiegare la "nebulosa" nascita della NIAF attribuita, a seconda del colore politico, a Paulucci ovvero a Stella. Stella era un Repubblicano conservatore come Paulucci era democratico progressista, entrambi amici, alleati e paladini di una sola crociata a favore della grande comunità di americani di origine italiana. Henry Salvatori from California, Frank Sinatra from New Jersey, Dominick "Dom" Deluise, Al Pacino, Robert De Niro, Alan Alda, Nancy Pelosi, Tony Bennet, Jack Valenti, Peter Rodino, Tommy La Sorda, Yogi Berra, Joe Di Maggio, Antonin Scalia, Martin Scorsese, Frank Annunzio, Leon Panetta, Danny De Vito, Mario Cuomo, Geraldine Ferraro, Mario Lanza, Peter Falk e tanti, tanti, tanti altri. Tanti altri che avevano una data in comune: erano nati tutti tra il 1917 e il 1940. Questo significa che, con buona approssimazione, erano tutti figli o nipoti della seconda ondata di emigrazione ovvero i disperati del 1900, i quali fuggivano dalle guerre e dalla fame, pieni di speranza, verso l'ignoto. Il Sud dell'Italia di allora registrava il 90% di analfabeti e sfiorava il 100% nella componente femminile (Prof Pietro Trifone, Università di Roma Tor Vergata). Ci sarebbe tanto da dire mentre noi vorremmo parlare di noi, gli italo americani ovvero gli americani di origine italiana per cercare di comprendere come questa valanga di analfabeti sia riuscita a generare addirittura una nuova cultura. I nomi di personaggi così famosi, che solo in minima parte abbiamo menzionato, furono gli eredi di Jimmy Durante, Perry Como e Dino Crocetti (Dean Martin), figli addirittura della prima generazione di emigranti che ancora non avevano nemmeno provato a parlare l'Italiano.

Salvo rarissime eccezioni, tutti quei geni ebbero un'infanzia ai "piedi" del sogno americano e, non potendo comunicare con i loro genitori, furono riuniti dalla prima lingua che cementò chi portava un cognome che finiva in vocale: la lingua americana. Frank Sinatra ricevendo il riconoscimento alla carriera da parte della NIAF, nel 1985, disse testualmente: "Ringrazio i miei nonni che ebbero il buon senso di saltare su quella nave che li portò in New Jersey dove io sono nato da due genitori fantastici. Dio benedica l'America per tutto quello che mi ha dato."

E tutti quei nomi che si sono alternati sul podio della NIAF o dell'OSIA (Order Sons of Italy in America), hanno sempre parlato in americano cantando l'inno USA con la mano sul cuore. E mentre questi nostri eroi predecessori entravano in competizione con tutti i gruppi etnici che formano ancora il "mosaico della libertà", rappresentato dalla bandiera a stelle e strisce, in Italia, il maestro Alberto Manzi, alla RAI (Italian NBC), iniziava il 15 novembre, 1960 il programma televisivo "Non è mai troppo tardi". Un programma che si proponeva di insegnare a leggere e scrivere a tutti quegli italiani che, dopo la Seconda guerra mondiale, si trovavano fuori quota per frequentare le elementari e risultavano parzialmente ovvero totalmente analfabeti. Il programma, dopo 484 puntate, fu chiuso grazie all'aumentare delle iscrizioni per la scuola dell'obbligo (minimo 5 anni di frequenza) creata dalla nuova Italia repubblicana. La cultura italiana comincia ad essere esportata dall'ultima generazione di emigrati ovvero dalla prima generazione che emigra per scelta invece che per necessità: erano gli anni '70. Io facevo parte di quella generazione che aveva trovato l'amore per l'America in Italia. Si chiamava Susy, la donna che sarà poi più della metà della mia vita. Una vera Newyorkese figlia di un napoletano americano di prima generazione, il già menzionato Dominick, e una vera americana, Grace Anthony, un cognome storico che richiama Susan B. Anthony, la donna alla quale viene riconosciuto il merito di aver ottenuto il voto per le donne in America.

Lavorando nelle costruzioni edili, entrai direttamente nella vera anima sociale dell'America percependo differenze sorprendenti tra Roma e New York. Parlo naturalmente dei rapporti umani dove la tolleranza, a New York, è ancora una merce rara mentre la differenza etnica si respira nella competizione senza esclusione di colpi. Erano i tempi di Fort Apache nel Bronx dove la polizia che usciva, in macchina, dal commissariato del Bronx era protetta dai colleghi che armati, sui tetti del commissariato, agivano da deterrente per i delinquenti che avrebbero voluto fare il tiro a bersaglio sulle divise. Quattordici mesi di quella vita mi convinsero a riflettere sulla decisione di tornare a Roma dove si poteva tranquillamente uscire di notte e parcheggiare nelle vie adiacenti a Via Veneto. Non dovetti faticare molto per convincere mia moglie, la professoressa d'arte, Susy, a seguirmi. Lei ha sempre amato e ancora ama Roma con l'entusiasmo di chi ha dedicato la sua vita all'arte e alla cultura. Pochi mesi dopo informai la mia Susy che io senza New York e il sogno americano non sarei potuto vivere. Roma era già allora in mano ad una retorica troppo politicizzata per i giovani e stava avviandosi verso un'atmosfera più congeniale ad una popolazione matura e dipendente (pubblica, per la presenza di tanti ministeri) che ai giovani ambiziosi e volenterosi della mia generazione.

La sfida, l'avventura e le opportunità, del famoso sogno, avrebbero potuto farmi diventare Americano e alla fine New York me lo ha concesso e, anche se ho mantenuto la padronanza della lingua italiana, ho imparato a vivere e rispettare la cultura moderna dominante della quale, penso di diritto, possa oggi vantarmi di far parte. Il successo degli italo americani anzi, consentitemi di scrivere, degli americani di origine italiana stava per decollare e io stavo per entrare a farne parte. Come? Ancora non lo sapevo ma quell'incontro col Chief, Frank Stella, mi aveva dato l'opportunità di tagliare il cordone ombelicale con Roma. Non avevo ancora compreso la dimensione di Frank Stella che comunque parlava dei vertici politici italiani con la facilità che hanno gli amici, e vantava una chiara confidenza col presidente Reagan e il suo vice, George Bush. Ero troppo giovane per comprendere cosa mi stesse per accadere anche se il principio fu veramente drammatico per me e la mia famiglia. La cultura sociale e politica italiana era fatta di amicizie e raccomandazioni mentre io non mi ero accorto di essere all'ombra di un uomo rilevante nei rapporti Italia/USA. Il primo viaggio a Roma lo facemmo nel 1982 e Stella avrebbe incontrato molti personaggi che per me, fino a quel viaggio, avevo considerato inarrivabili. Vederli davanti a Frank Stella, ossequiosi, deferenti, quasi servili, mi sorprese non poco. Solo Andreotti e Craxi mi parvero mantenere un rapporto cordiale e di rispettosa distanza da quello che Stella rappresentava. Scoprii comunque più tardi che erano amici da una vita.

I primi quattro anni Stella, presidente NIAF, avevano portato ad una nuova struttura operativa dove l'eccellente Dr. Fred Rotondaro era il nuovo direttore nazionale, Franco Nicotra consolidava il suo ruolo di unico rappresentante per l'Italia e la NIAF cominciava a muoversi come una macchina perfetta con la presenza di un imprenditore di grande successo, Jeno, e un imprenditore che aggiungeva al suo ruolo diplomatico anche quello di insegnante del corso di "amministrazione aziendale" presso l'Università di Detroit, Frank Stella. Nel 1982 New York eleggeva un figlio di emigrati italiani, Mario Cuomo, un simbolo anche per gli italiani, come me, i quali arrivati per scelta, avevano iniziato a competere ad armi "intellettualmente" pari nella Terra della libertà e delle opportunità per tutti.

Erano i tempi eroici di tanti americani di origine italiana che cominciarono ad apparire sull'unico quotidiano americano scritto in italiano: *Il Progresso*. Una lunga lista di nomi che abbiamo avuto la fortuna di incontrare, discutere con loro cosa sarebbe stato se fossimo riusciti a lavorare per il nostro bene comune. Parliamo di nomi leggendari come: il giudice Edward Re di Salina, la più bella isola siciliana, come la definiva l'immenso giudice Re. Dominick Scaglione, instancabile tessitore di rapporti tra Italia e USA, attraverso la Chase Manhattan Bank. Rocco Caporale, eminente studioso meridionalista che tramite la prestigiosa associazione Magna Grecia, puntava sull'identità degli emigrati dal Sud Italia come portatori di civiltà e cultura. Come dimenticare il giudice Dominick Massaro, il primo a pensare di raccogliere le notizie storiche contemporanee dei vari movimenti italiano/americani, dalle stalle alle stelle. Il Giudice Massaro cominciò a raccogliere, a partire dal 1958, le notizie storiche del gruppo etnico americano di origine italiana. Il mio tentativo di ricordare quello che ho vissuto, a partire dal 1977, è molto modesto e continuerò a consultare il giudice per migliorare sempre le mie opinioni.

Il nostro gruppo etnico era pronto a salire sul podio dei protagonisti nel mosaico delle etnie che formavano gli USA. Il concetto NIAF doveva essere sostenuto come quel treno che passa una sola volta e, credetemi, abbiamo tutti dato tutto, perché tutti insieme salissimo su quel treno per il viaggio più magico che noi americani italiani avessimo mai sperimentato. L'apoteosi del duo Paulucci/Stella arriva comunque alla cena annuale del 1984 dove appare chiara la filosofia dei due geni: lavorare insieme per il riscatto di coloro che arrivarono in America per sfuggire alla fame.

A pochi giorni dalle elezioni presidenziali, la coppia Reagan/Bush e Mondale/Ferraro nel pieno della sfida per la Casa Bianca, si trovarono seduti insieme al Gala NIAF. Un colpo da maestro che sorprese anche l'OSIA che, dopo la sorpresa, beneficerà della grande intuizione dei due imprenditori della NIAF: la rappresentanza degli americani di origine italiana ha il solo scopo di richiamare l'attenzione del mondo sul gruppo etnico che attraverso la strada percorsa da tutti gli altri gruppi, arrivati prima in America, si conferma parte integrante del tessuto economico e sociale degli Stati Uniti.

Una nota dovuta a Geraldine Ferraro la quale, come Susan B. Anthony, verrà ricordata dalla storia come la prima donna che riuscì a far parlare la politica al femminile accettando la sfida di concorrere per la Vice Presidenza degli Stati Uniti. Un giorno io e Susy andavamo in treno a Washington e, alle 10:30 del mattino, incontrammo Geraldine, nella sala d'attesa, che avrebbe preso lo stesso treno. Quando fu il momento di imbarcare lei ci salutò perché, come avvocato, andava per rappresentare un suo cliente e avrebbe fatto il viaggio fuori della carrozza ristorante perché non voleva spendere i $35 del cliente, per il pranzo in treno. Noi spiegammo che avremmo volentieri diviso con lei i nostri panini con pane italiano, prosciutto e mozzarella. Lei fu sorpresa e al tempo stesso compiaciuta di poter fare il viaggio insieme con i nostri panini. Fu il viaggio più interessante mai fatto da me e Susy in treno, da NY a DC. Credo che si fosse sparsa la voce che c'era Geraldine Ferraro sul treno e lei fu così disponibile che credo, con l'eccezione del macchinista che era alla guida, tutti i passeggeri e personale di bordo riuscirono ad ottenere un autografo e un sorriso da Geraldine Ferraro.

Io e Susy riuscimmo a farle mangiare il panino ma non fummo così veloci per farci fare un autografo. La NIAF era ormai una realtà e sarebbe stata auspicabile un'apertura di dialogo con l'OSIA mentre si aprì una silenziosa competizione per il Gala più importante ovvero più prestigioso degli americani di origine italiana a Washington D.C. Superfluo aggiungere che questa gara verso l'eccellenza favorì l'Italia che non si fece sfuggire l'opportunità per iniziare un vasto programma di iniziative bilaterali con i 20 milioni di figli, nipoti e pronipoti di quella valanga di analfabeti che avevano sempre lavorato con la speranza che il sogno americano fosse diventato realtà anche per loro. Un sogno che ormai è realtà anche per me grazie a Susy. Dallo scambio dei giovani studenti alle borse di studio alla raccolta fondi per arrivare fino in Texas e all'area dei Caraibi per ricordare, anche all'americano più lontano, che il suo nome finiva in vocale perché i suoi antenati avrebbero potuto essere italiani. Ricordo Kenneth J. Aspromonte, Vicepresidente NIAF per la zona Texas, Oklahoma, Alabama and Caribbean. Kenny era una persona squisita, ex giocatore professionista di baseball, dopo aver giocato con i Boston Red Sox e altre squadre, tra le quali Los Angeles e Cleveland, aveva mantenuto la sua distribuzione della birra Coors a Houston, per 25 anni. Quando discutevamo i programmi nel CdA della NIAF, per le varie aree degli Usa, sorrideva perché nella sua zona di competenza era difficile spiegare ai potenziali associati di origine italiana dove fosse l'Italia. Ricordo che comunque il suo lavoro fu così proficuo che durante una puntata a Houston per incontrare i pochi "italiani" che intervennero al nostro incontro, uno in particolare è rimasto nella mia memoria. Il suo nome era Carmine Rossi e rimase deluso quando insistendo sul fatto che fosse italiano, io non riuscissi a comprendere il suo nome finché non lessi il suo biglietto da visita. Per tutta la sua vita si era sempre presentato come *Carmain Rhassi*.

Il 1985 conferma il successo della linea Paulucci/ Stella. Frank Sinatra, in persona, accetta di ricevere il riconoscimento NIAF come unico premiato, in compagnia della moglie Barbara, alla presenza del Presidente Reagan e della First Lady, Nancy. Il messaggio di Frank Sinatra, al ricevimento del premio, spiega al di là di tutte le retoriche, l'orgoglio di essere nato americano "in America" anche se il mito Sinatra aggiunse che *"il premio NIAF era importante perché veniva dalla Famiglia"*.

Era giunta l'ora di fare qualcosa di più concreto per far capire agli italiani, da sempre divisi da un concetto feudale del potere, che la NIAF si poteva toccare perché democratica e vicina alla gente. Fu così che discutemmo a Detroit di un viaggio per tutta la Famiglia americana di Frank Stella. Non dimentichiamo che Frank era nato quinto figlio di nove fratelli e i primi quattro erano nati a Gualdo

Tadino mentre lui nacque a Jessup, in Pennsylvania. L'Umbria era comunque nel cuore di Stella grazie ai suoi fratelli che, mi raccontava il fratello maggiore Andy, una volta riconosciuto il genio di Frank, abbandonarono gli studi per aiutare lui che non li deluse. Proposi a Frank di parlare con Enrico Manca, appena nominato direttore generale della RAI, la NBC italiana, perché Manca era nato a Gualdo Tadino e dal viaggio sarebbe potuta nascere una storia senza fine, del suo ritorno alle radici. Stella aveva sette figli e mi sembrò normale suggerire a Frank Stella di fare un viaggio con l'intera famiglia al suo paese di origine. Speravo di poter fare, con quel viaggio, un salto nella considerazione di chi mi seguiva ormai da cinque anni, al fianco del primo grande leader italiano/americano. Credo che il mio errore fu la mancanza di esperienza perché quando il progetto fu accettato, il mio Chief fu molto esplicito nello stabilire la collaborazione per la divisione del successo: lui avrebbe pagato i biglietti aerei della sua Famiglia e io avrei pensato a tutto il resto. Era questa la parte che mi mancava perché da dove venivo io, Roma prima che l'Italia, con una buona idea si poteva sempre coinvolgere chi alla fine avrebbe finanziato il viaggio. Grazie a Franco Nicotra, il progetto incontrò il favore del comune di Gualdo e altri imprenditori che avrebbero ospitato tutta la Famiglia Stella nella sua permanenza italiana. Nel nuovo mondo che stavo scoprendo, contava solo il merito e se non avessi mostrato di averlo guadagnato, avrei dovuto fare più attenzione alle pubblicità di Lee Iacocca quando salvò la Chrysler dal fallimento: *"In questo business o sei un leader, un discepolo oppure vai a fare un'altra cosa!"* (In this business you are either a leader, a follower or get out of the way!).

Lee Iacocca, nato in Pennsylvania ad Allentown, era amico dei due Frank (Stella e Sinatra) e prima ancora di Jeno e un altro Frank (Annunzio), indimenticato leader politico di Chicago e del caucus "italiano" del parlamento di Washington. Fu infatti Annunzio che sottopose al congresso del presidente Carter, il progetto di salvataggio della Chrysler con il supporto della neonata NIAF che garantì anche il supporto dell'ala repubblicana. Il primo prestito di stato che fu percepito come un aiuto finanziario di carattere sociale/socialista.

Superfluo dire che Lido Anthony Iacocca, figlio di Benevento, salvò la Chrysler.

Se oggi state leggendo queste righe, significa che anche il nostro viaggio con la famiglia allargata di Frank Stella, andò bene. Anzi, benissimo perché arrivammo con 46 persone a bordo di un Bus, scortati dalla polizia con l'intero Gualdo Tadino che attendeva questo suo ormai famoso concittadino americano. Enrico Manca fece lavorare una squadra di tecnici e operatori TV mandando, in diretta, le fasi dell'arrivo del presidente della lobby italiano/americana (ormai la NIAF veniva definita con neologismi di ogni tipo). Frank scese dal bus che sarebbe dovuto arrivare sulla piazza del paese, per stringere le mani di una folla osannante. Una specie di ingresso di Cristo la Domenica delle Palme a Gerusalemme. Per la strada verso il comune, tutta in salita, Stella trovò più cugini e amici dei suoi genitori di quanto potesse contarne in America. Si faceva prima a contare chi non era parente di questa famiglia di Detroit che stava scoprendo l'abbraccio delle proprie radici. Incontri con tantissima gente solo per stringere la mano di Stella e fare una foto ricordo. Da notare che tutto il programma e la logistica locale, per il ritorno alle radici della Famiglia Stella, furono coordinati dal Sindaco comunista Rolando Pinacoli, un giovane intelligente e al servizio della sua comunità con una dedizione speciale. Enrico Manca, socialista, si infiammò al punto che confidenzialmente mi disse che se avesse avuto la possibilità di fare una foto col presidente Reagan, avrebbe fatto un servizio eccezionale sulla serata di gala della NIAF e l'avrebbe passato almeno cinque volte in prima serata. Gli risposi che nessuno poteva promettere quello che chiedeva e comunque avremmo fatto di tutto per avere, non solo la RAI ma anche lui al nostro gala. Per inciso, il nostro bus sulla via del ritorno a Roma, si fermò all'Autogrill per la pausa del caffè. Susy, impegnata a seguire il gruppo, fu vittima del furto del suo portafogli. Fu l'occasione per meglio comprendere questa nuova cultura che stavo studiando. Gli italiani di allora avrebbero avuto tante parole di conforto per Susy e magari anche qualche preghiera speciale. Il nostro gruppo di americani si riunì spontaneamente per raccogliere una cifra contante che superò, di poco, quella che era stata rubata.

Tornati a Washington, ancora una volta i geni J & F (Jeno e Frank) concepirono, con il grande Rotondaro, una soluzione che produsse dieci passaggi, in prima serata, del servizio che ancora oggi alle volte torna a far capolino quando si parla di storia della NIAF. Enrico Manca fu seduto nella seconda fila del palco dei VIP, da dove il presidente Reagan parlò agli ospiti venuti da tutti gli USA e, per la prima volta, da molte regioni italiane. Su tre file sedevano tutti i VIP della serata, nella seconda fila sopra le loro teste, sedevano i membri del CdA della NIAF e sulla terza fila, ancora più in alto, sedevano amici e alcuni protagonisti delle generose donazioni di cui tanto la NIAF aveva bisogno per crescere. La prima fila era composta da due ali di ospiti d'onore, destra e sinistra, separate al centro dal podio col microfono per il Presidente Reagan. Enrico Manca era seduto al centro della seconda fila rialzata per cui, durante tutto il discorso del Presidente, per la TV italiana, si vedevano solo due volti: quello del Presidente e, vari flash su quello serio e attento di Manca. Grazie alla RAI, l'Italia conobbe la dimensione della nuova cultura di un gruppo etnico che stava avendo un successo sempre monitorato, con interesse, dai media italiani.

Da qui iniziò un dialogo esaltato da una serie di iniziative che per la NIAF erano opportunità di scoperta delle proprie radici. Era il periodo nel quale il movimento per i diritti civili degli africano-americani era stato amplificato dal capolavoro di Alex Haley, *Roots*. Il libro, vincitore del premio Pulitzer, fu portato in televisione dove, in otto puntate, tutti avevano potuto vedere le gesta di Kunta Kinte il quale, attraverso la voglia di sopravvivere alla schiavitù e alla discriminazione, aveva ispirato tutti i gruppi etnici americani che, in altri modi e in altri tempi, avevano incontrato diverse difficoltà per inserirsi nel nuovo mondo. Abbiamo appena superato la metà dei magici anni '80 e la presenza degli "italiani in America" è ormai una realtà. Si parla dell'Italian American Power e tutto quello che gli immigrati dall'Italia hanno fatto per "costruire" il loro successo del nuovo mondo. La frase più simpatica che girava come un ritornello *"Gli Italiani hanno lavorato nelle miniere, lastricato le strade, costruito i tunnel, le dighe, i ponti, le ferrovie e poi le hanno dato il nome: America"*.

Jeno e Frank avevano creato un fenomeno fantastico basando tutto sull'entusiasmo dei giovani che volevano lavorare gratis per la NIAF dove c'era l'opportunità unica di incontrare gli americani italiani di successo. Il Dr. Kenneth Ciongoli (del Vermont) che Jeno identificava come il futuro della Fondazione, perché era nato nel 1943 mentre non riusciva mai a pronunciare il suo nome introducendolo sempre come il "Dr. Congioli". Il giudice Arthur Gajarsa, originario di Norcia, Richard Grasso presidente dello Stock Exchange di Wall Street, Geraldine Ferraro, Matilda Cuomo, Angelo Mozilo, James Schiro, Frank Guarini, solo per menzionare alcuni prestigiosi nomi tra i VIP della comunità italiano/americana. Ricordo il racconto di James Schiro, allora presidente della PricewaterhouseCoopers. James era nato in New Jersey e i suoi nonni erano originari di Siena. *"Mi avevano sempre detto che Siena fosse famosa per una corsa di cavalli. Oggi che l'America mi ha dato la possibilità di visitare la città dei miei nonni, sono impazzito nello scoprire che, con Firenze, Siena è stata una delle culle della lingua e cultura italiana."* Anche Schiro ci ha lasciato, a soli 68 anni, fiero di aver scoperto la piena verità sulla sua origine. All'ombra di questi giganti maturavano i giovani FIERI, l'associazione che, sotto la presidenza del giovanissimo Jhon Calvelli, partì dalla Fordham University, e noi li incontrammo alla Marymount di New York City. Il giovane Jhon, sostenuto dal fratello maggiore, Louis, aveva compreso l'importanza di organizzare i nuovi giovani di origine italiana collegandoli con l'Italia e con il tessuto universitario nazionale USA. Erano determinati come solo chi nasce nel South Bronx sa di esserlo, con il vantaggio di essere anche calabresi prima che americani italiani. Anche loro trovarono posto nella NIAF che sembrava ormai poter motivare anche i satrapi. Arthur Gajarsa venne scelto per succedere ai due giganti fondatori, con poco spazio, secondo quello che osservai personalmente, per adattare la nuova NIAF alle modifiche necessarie al cambio del timoniere. Un avvocato di grande successo, (nominato giudice, della corte suprema d'appello, dal presidente Bill Clinton) il quale, con più spazio, supporto e collaborazione, forse avrebbe potuto mettere qualche regola meno tollerante per frenare la politicizzazione strisciante che inevitabilmente ogni successo umano attira.

La cultura, spesso vista come la ruota di scorta del successo, conobbe migliore attenzione all'elezione del compianto Dr. Ken Ciongoli finalmente alla Presidenza della NIAF. Ancora poco spazio fu ammesso al tentativo di spiegare meglio a tutti coloro che agivano nelle file della NIAF, l'importanza della storia e soprattutto di capire le proprie radici culturali, per meglio comprendere la propria identità. La priorità era "la raccolta fondi" per affrontare viaggi, richieste, programmi, progetti e tutto quello che un'Italia regionale (20 governatori e 8000 sindaci) chiedevano allo stretto manipolo di impiegati e giovani volontari, guidati ora da Jhon Salamone. Il rapporto col grande Rotondaro, logorato dalla fatica di pioniere di una NIAF ormai strutturata, precipitò quando il dialogo tra Rotondaro e Salamone si risolse in una gara tra chi meglio avesse potuto rispondere alle nuove esigenze dalla NIAF. Vinse Jhon Salamone specializzato in giornalismo e la nuova NIAF aveva bisogno di PR, articoli sui quotidiani e interviste televisive. Ad onore del vero, Fred Rotondaro, sotto il quale lavorava Salamone, aveva tutti i requisiti e stava facendo un buon lavoro mentre l'importanza del più giovane Salamone cresceva proporzionalmente alla necessità di amplificare, oltre i contatti consolidati, il reparto comunicazione. Il CdA si arricchiva di dottori, avvocati, politici, direttori di alberghi introducendo una nuova filosofia filantropica. Il muro dell'onore, sul quale naturalmente c'è anche la testimonianza della mia famiglia con una bella frase incisa nel bronzo "Orgogliosi di essere Americani – Orgogliosi di essere Italiani", fu un'idea molto produttiva e indusse l'ex Ambasciatore Peter Secchia, a donare $500,000 per estinguere il mutuo della sede attuale della NIAF che, per l'appunto, prende il nome del compianto Peter. Ognuno di noi acquistò poi l'opportunità di mettere il proprio nome sui vari uffici della NIAF e il nome della mia

Famiglia si può leggere ancora sull'ufficio della comunicazione di Elissa Ruffino, privilegio che ottenemmo con la solita donazione. Ho sempre pensato che ognuno di noi sia, in fondo, quello che riesce a comunicare di sé stesso agli altri.

La mia esperienza con l'OSIA di Vincenzo Sellaro, sotto la presidenza di Joseph Sciame.

L'OSIA non stava comunque a guardare e, sull'onda della moda di essere italiano che aveva ora un significato più positivo che folkloristico, anche i Sons of Italy crearono un diverso stile per celebrare il loro gala annuale che assunse il nome di NELA GALA, idea del vulcanico Phil Piccigallo. National Education and Leadership Award (NELA), distribuiva borse di studio ai figli degli americani italiani e riconosceva ogni anno, leader italiani che si erano distinti in ogni campo.

La più antica e numerosa fondazione degli americani italiani, OSIA fu fondata da Vincenzo Sellaro il 22 Giugno del 1905, parlava soprattutto americano perché nel 1905 gli emigrati del Bel Paese erano, per la maggior parte analfabeti. Il Dr. Sellaro era di Polizzi Generosa, in provincia di Palermo. La famiglia sostenuta dal padre, onesto ciabattino, lo convinse ad andare a Napoli dove si laureò in medicina. Emigrato a New York, si iscrisse alla Cornell Medical School, dove ottenne la licenza per praticare medicina in America. Osservando come la discriminazione verso gli italiani che, a differenza dei cani e dei gatti degli americani, non ricevevano nemmeno una pietra tombale, decise con l'aiuto di cinque amici, di fondare una società di mutuo soccorso che identificasse, ove possibile, i disperati che morivano per poter far sapere alle loro famiglie dove poter portare loro un fiore. Una frase accompagnò il giuramento di quei 6 Fondatori, quel 22 Giugno, 1905: *"Finché i nostri figli e i figli dei nostri figli avranno anche una sola goccia di sangue italiano, nelle loro vene, dovranno parlare la lingua italiana."* Quei sei pionieri, fondatori di un movimento del quale nemmeno loro forse avevano compreso quanto immenso sarebbe divenuto, erano tra quei pochi che conoscevano e parlavano la lingua italiana: Avvocato

Antonio Marzullo, Farmacista Ludovico Ferrari, Scultore Giuseppe Carlino e due Barbieri, Pietro Viscardi e Roberto Merlo. Lo scopo dell'Ordine dei Figli d'Italia in America che diventerà OSIA (Order of the Sons of Italy in America), era quello di lottare contro la discriminazione e la percezione che accompagnò la grande immigrazione sudeuropea verso il nuovo mondo.

Gli italiani soffrivano lo svantaggio di essere, in maggioranza, analfabeti e questo li penalizzava nella capacità di comunicare ovvero di difendersi da tutto ciò che consegue dall'ignoranza. Vincenzo Sellaro, fondatore tra l'altro del primo ospedale italiano in America (Columbus Hospital), aveva capito, sulla sua pelle, quanto importante fosse mantenere la padronanza della lingua per non perdere la propria cultura. Nel 2005 OSIA celebrò con il Presidente Nazionale, Joseph Sciame, figlio ovvero nipote (i nonni emigrarono dalla Sicilia), di Polizzi Generosa (Palermo), recitò la fedeltà al giuramento di Vincenzo Sellaro, sulle scale del comune di New York, completamente in lingua americana. Una parola di grande stima e riconoscimento al primo tra i più fedeli cittadini della comunità italiana in America. Ricorderò sempre come tale Joseph Sciame che ho servito, come primo e ultimo Ambasciatore dell'OSIA, quando "Joe" era Presidente Nazionale dell'Ordine. Insieme organizzammo il più numeroso gruppo di partecipanti nella storia dell'OSIA, (oltre cento persone), in Italia dove fummo ricevuti da tutti gli alti uffici italiani, incluso il Presidente Azeglio Ciampi, nella sua residenza, al Palazzo del Quirinale. Annunciammo al Parlamento italiano il Centenario dell'OSIA. Prima di tornare a New York, organizzammo una cena storica, alla quale intervenne il primo Ministro per gli italiani all'estero, Mirko Tremaglia con vari parlamentari dell'arco costituzionale, intrattenuti e presentati da Paola Saluzzi e Tony Renis (Mr. Quando, Quando, Quando), due icone della televisione italiana e internazionale. Eravamo, per l'occasione, nell'area del Vaticano presso l'immensa sala del più antico ospedale d'Europa (ormai monumento storico), Santo Spirito in Sassia, costruito nel 727 d.C. e ristrutturato intorno al 1480.

Due anni di militanza con l'OSIA restano nei miei ricordi come un serio periodo complementare al mio destino di americano di origine italiana. I miei incontri con la più grande comunità di americani di origine italiana, incontrata attraversando gli stati con densità più significanti della presenza di quelli che mi chiamavano "paisà", mi fece pensare a quello che il mio mentore mi consigliò quando il giudice Arthur Gajarsa mi telefonò da Washinton e mi chiese di incontrare Paul Polo e Phil Piccigallo, presidente e direttore dei Sons of Italy. Il giudice Gajarsa, già presidente della NIAF, mi disse che l'OSIA aveva bisogno di una svolta nei loro rapporti con l'Italia e io sarei potuto diventare il loro primo ambasciatore. Era il 2002 e fu l'ultimo anno che partecipai al GALA NIAF incontrando, tra gli altri, Sophia Loren, Robert De Niro e l'allora presidente del Senato, Marcello Pera. Un gala memorabile diretto dal Chairman Dick Grasso, un grande uomo, amico semplice e accessibile, come tutti i veri grandi uomini. Ormai NIAF e OSIA erano in competizione per il podio, ampiamente meritato da un gruppo etnico che aveva messo in sinergia, con l'Italia, le sue eccellenze. Questo fu quello che Frank Stella mi disse esortandomi a riflettere sulla decisione di rappresentare OSIA: *"Tu sei abituato a lavorare con i nuovi americani di origine italiana, la nuova élite del nostro gruppo etnico. Se accetterai dovrai ridimensionare il tuo ruolo perché ti troverai a lavorare con quelli che sono rimasti molti anni indietro nelle nuove relazioni con l'Italia."* Avevo lasciato la mia posizione di Vicepresidente NIAF per dedicarmi alla mia azienda. I tempi cambiavano rapidamente e avevo considerato chiusa la mia avventura al servizio di una NIAF che, fra tante novità, aveva anche cambiato il logo. I pionieri, Jeno e Frank avevano anche loro la necessità di essere più presenti nella loro attività industriali che contavano moltissimi impiegati. Mentre la nuova NIAF era impegnata a studiare nuove iniziative per attrarre la nuova immigrazione italiana, l'OSIA aveva fondato, nel 1991, la SIF (Sons of Italy Foundation), per avere uno scudo ufficiale contro la diffamazione degli americani di origine italiana. Un'iniziativa che avrebbe dovuto incontrare il plauso di tutti gli americani di origine italiana, a prescindere dalla loro appartenenza ad una fondazione invece che un'altra. Bravi OSIA!

I nuovi paradigmi, ispirati dalla nuova leadership di Frank Guarini, erano diversi da quelli che per 27 anni avevamo osservato per creare la NIAF. Mentre io percepivo sempre di più NIAF come il logico complemento di OSIA. Davanti all'ondata emotiva, creata dalla moda degli italiani che arrivavano sempre più numerosi agli eventi NIAF, pensavo fosse utile che OSIA rafforzasse i valori della nuova cultura americana di origine italiana. La realtà degli italiani che guardavano il baseball invece che il soccer, mangiavano più americano che solo italiano, credevano principalmente nella libertà made in USA con la disponibilità, fuori dalla moda del momento, di apprendere anche informazioni sulla cultura delle loro origini. Tutto questo nel rispetto della nuova cultura generata dagli americani di origine italiana, che consideravo complementare a quella di un'Italia ormai co-fondatrice dell'Europa.

Parafrasando William Isaac Thomas (Virginia1863–Berkeley 1947), *"Ciò che l'uomo percepisce reale, diventerà poi reale nelle sue azioni conseguenti"*, pensavo positivo e avevo ancora il senso della conquista e dell'avventura. Non dimentichiamo che tra me e Frank Stella c'erano 30 anni di differenza e il mio rapporto con Frank Guarini, nuovo presidente NIAF, era diverso da quello avuto con i Fondatori, Jeno e Frank. Davanti a speciali poteri accordati al mio consenso di diventare Ambasciatore OSIA, mi fu appuntato sul petto, il leone d'oro col piccolo diamante riservato ai VIP dei Sons of Italy. Il Grande Ufficiale Joseph Sciame veniva eletto Presidente Nazionale dell'OSIA con il compito di preparare, insieme con il nuovo Ambasciatore, le celebrazioni del Centenario dei Figli d'Italia in America. Ricordo poi che tutti, inclusi Jeno, Frank e Gajarsa erano sempre e comunque, membri dell'OSIA. Joe Sciame era sinceramente preoccupato della mia presenza perché io ero conosciuto in Italia come Mr. NIAF. Chiesi a Joe di credere nel mio senso di rispetto professionale per il lavoro e la gerarchia. Iniziammo così un progetto che ancora oggi fa parte della gloriosa storia dell'OSIA. Non rinnovai il mio impegno per ulteriori due anni perché (siamo nel 2005) percepivo una certa rivalità tra Phil Piccigallo e Jhon Salamone, i direttori nazionali di OSIA e NIAF. Il sogno di Piccigallo, con il presidente Bush alla Casa Bianca, era quello di poter incontrare il presidente Berlusconi che allora godeva di grande popolarità, come pure l'amicizia dei due presidenti era nota al mondo. Riuscii a far incontrare Piccigallo col presidente Berlusconi grazie all'interessamento dell'allora ministro delle relazioni col parlamento, Carlo Giovanardi. La foto che personalmente feci a Piccigallo, a testimonianza del breve saluto tra lui e Berlusconi, fu pubblicata senza l'autorizzazione di Palazzo Chigi. Non ci fu malizia né motivi strumentali, solo un entusiasmo goliardico che fu poco gradito da Salamone e la NIAF.

Ma torniamo a Vincenzo Sellaro per capire come il carattere molto "italiano" della sua idea, ebbe un grande successo e col successo iniziarono quei processi che Stella amava ricordare in tutti i suoi discorsi: *"Siamo il gruppo etnico più creativo, più elegante, portatori di cultura, arte, storia e cucina. Nessuno può vantare tante qualità come quelle degli italiani. Abbiamo più virtù di qualsiasi altro gruppo e rispetto agli altri, solo due difetti: siamo gelosi e invidiosi."* Chiaramente ancora oggi riscontriamo quei difetti quando pensiamo a chi tra noi raggiunge il successo. Siamo noi i primi a sospettare qualche "connessione" che possa aver favorito "chi ce l'ha fatta" perché, per un motivo ancora più misterioso, sospettiamo noi per primi che chi, tra noi, ha avuto successo, abbia ricevuto un aiuto al di fuori della meritocrazia.

La leadership di Sellaro durò dal 1905 al 1922 quando, entrato nella loggia massonica Garibaldi, di New York, fu eletto "Gran Master (Venerabile Maestro)". Grazie alla partecipazione di almeno 28.000 arruolati, tra i membri dell'OSIA, dei quali più di 2.000 furono uccisi o feriti, alla fine della guerra, nel 1918, l'Ordine attrasse più di 125.000 nuovi membri tra 24 stati americani e due grandi province canadesi. Il messaggio di Vincenzo Sellaro era arrivato agli italiani della grande prima emigrazione mentre una vera organizzazione di mutuo soccorso era pronta a ricevere più fratelli da un'Italia devastata da una guerra quando ancora non era stata completamente unita. Sellaro fu ricoverato nell'ospedale Columbus, da lui fondato, il 18 settembre, 1932, con una serie di patologie tipiche di chi anche oggi dedica la propria vita agli altri senza risparmiarsi. Aveva arterio-sclerosi, cardiopatia, diabete e insufficienza renale. Il 28 novembre, 1932 morì all'età di 64 anni. L'idea di mettere insieme l'Italia e i suoi figli, ovunque si trovassero nel mondo, era stata realizzata da un uomo mai riconosciuto abbastanza per la sua intuizione.

La costante ricerca di far avvicinare gli americani italiani di successo agli italiani e ai giovani stava per essere riformata a beneficio di nuove ondate di interesse. Allo stesso tempo, ricordo con orgoglio la mia partecipazione, come ambasciatore dei Sons of Italy, al sedicesimo NELA GALA dell'OSIA dove, per la prima volta nella storia, il presidente George Bush partecipò col primo ministro Silvio Berlusconi, a testimonianza di un altro grande evento che legittimava la competizione comunque vincente, per gli americani di origine italiana, tra NIAF e OSIA. Era il 2004 e l'OSIA metteva un'altra storica data nella sua lunga azione a sostegno del sogno, ora realtà, di Vincenzo Sellaro.

Si consolidava in me, con tutte le esperienze che la mia vita fortunata mi aveva regalato, l'idea di creare una fondazione strettamente culturale per sottolineare l'importanza di un investimento a lungo termine. È normale che nella maturità, avevo ormai 56 anni, avrei dovuto decidere se considerare chiusa la mia avventura NIAF/OSIA o provare a lasciare qualcosa di quanto avessi imparato in tanti anni di attività sociale. Nacque così, con l'approvazione dell'Ambasciata italiana a Washington, ILICA, (Italian Language InterCultural Alliance), la Fondazione dedicata alla promozione della lingua e della cultura italiana. Un pensiero di gratitudine va, dopo venti anni, al mai dimenticato amico, ministro Alberto Galluccio.

LA NIAF COME FENOMENO USCITO DAI SONS OF ITALY

Da dove tutto iniziò, si arrivò nel 1976, nascita della NIAF dove gli americani di origine italiana, cercarono di farsi riconoscere anche a Washington oltre che nelle logge. Non più *dinner dances* ma, programmi che potessero coinvolgere con i grandi americani di origine italiana di successo, con l'Italia del dopoguerra, campione di stile, moda, design e soprattutto, nel 1985, quinta potenza industriale del mondo. I premi oscar Sophia Loren, Roberto Benigni, Lina Wertmuller; i politici Giulio Andreotti, Bettino Craxi, Janet Napolitano, Rudy Giuliani, Leon Panetta. La lista si può trovare su Google, dal 1976 al 2022, dove si potranno contare circa 214 premiati. Senza contare la riapertura del Gala di New York, nel 2000, che dopo tre anni garantì alla NIAF quasi mezzo milione di dollari in donazioni, a testimonianza di quanto la comunità Newyorkese, seconda a nessun'altra, avesse bisogno di conoscere meglio le proprie radici. Non dimentichiamo che "La New York Columbus Day Parade" sfilò, per la prima volta, nel 1929 nell'Est Harlem. Nel 1944 fu dichiarata "celebrazione ufficiale come retaggio italiano dei partecipanti". Oggi, grazie anche alla Columbus Citizen Foundation, la parata della Quinta Strada attrae non solo gli americani di origine italiana e gli italiani ma anche spettatori provenienti da tutto il mondo. E la Columbus Citizen Foundation ha conquistato, di diritto, una dimensione internazionale.

In poche righe abbiamo cercato di descrivere il fenomeno promosso dall'intuizione di Jeno Paulucci e Frank Stella. Tutto il mondo, negli anni 1980/90, era diviso nell'Italian Power, tra gli italiani e quelli che volevano essere italiani. Non abbiamo ancora contato tutte le grandi serate NIAF in California dove dobbiamo ricordare l'incredibile lavoro di Jeffrey "Jeff" Capaccio, un avvocato di grade successo che ebbi modo di segnalare alla NIAF nel 1987. Jeff aveva appena 28 anni e, come giovane avvocato, voleva fare un'esperienza con la Fondazione che considerava la speranza per i figli, come lui, di italiani di prima generazione. Un po' come il suo amico Jhon Calvelli, col quale condivise il talento di organizzare i "veri" contatti tra i due mondi. Ricordiamo ancora qui i FIERI di Calvelli che meritavano di essere "riconosciuti" fuori dalla politica per realizzare il sogno del loro fondatore. La mamma di Jeff, di origini campano-calabresi, incontrò il "partigiano ligure", di origini calabresi, Mario Capaccio, a Casarza Ligure, tornarono a San Francisco dove si sposarono. Jeff riconosceva sempre alla mamma il merito di avergli insegnato la lingua italiana. Lei era nata a San Francisco mentre era cresciuta in Italia dove i nonni tornarono quando lei aveva solo tre anni. Le iniziative di Jeff Capaccio avrebbero bisogno di un capitolo solo per lui. Da ambasciatore di Genova nel mondo a fondatore della SVIEC (Silicon Valley Italian Executive Council), un'associazione che ancora oggi raggruppa più di 1.500 top executives italiani e americani di origine italiana, nell'ambito dell'alta tecnologia della Silicon Valley. La sua posizione di consulente del prestigioso Studio Legale, Carr & Ferrell, LLP di San Mateo consentì all'avvocato Capaccio di tessere una rete incredibile di contatti tra l'Italia e la California ovvero gli USA, nel campo dell'hi-tech. Vicepresidente Regionale e membro del consiglio di amministrazione della NIAF, Jeff Capaccio resta oggi nel mio ricordo come l'esempio di quella che dovrebbe rappresentare la vera ispirazione delle iniziative tra Italia e Stati Uniti. Joseph Cerrell californiano, servì come Presidente NIAF mentre un'altra figura storica, Jack Valenti, servì ad amplificare gli indubbi meriti dell'avvocato di Palo Alto, Jeff Capaccio. Furono infatti questi giganti a creare, dopo Washington e New York, il Gala NIAF della West Coast. Scrivo con nostalgia e rimpianto al passato perché Jeffrey Capaccio è mancato improvvisamente, a soli 62 anni, il 21 marzo, 2021. A proposito dell'ispirazione: Jeff parlava correttamente l'italiano e naturalmente la sua laurea in legge presso l'Università di Santa Clara faceva di lui, come del suo amico Jhon Calvelli, gli ideali americani di origine italiana. Forse sto esprimendo posizioni emotive comunque parlare due lingue, per far valere le proprie radici culturali, è un vantaggio che aiuta non poco a spiegare l'idiozia degli stereotipi. Pausa. Dalla storica intuizione di Vincenzo Sellaro, dall'OSIA alla NIAF, sarebbe opportuno chiederci dove siano finite le mamme di tutti questi fenomeni perché le poche menzioni del gentil sesso stridono con la valanga dei maschi di successo.

LE DONNE E LA NASCITA DELLA NOIAW

Geraldine Ferraro viene eletta alla segreteria del *caucus* del partito democratico, la forza votante del partito. Una posizione che riconosceva implicitamente le donne americane di origine italiana, le quali già erano parte integrante della NIAF. La Dottoressa Aileen Riotto Sirey, Psicoterapista, aveva già un ruolo, insieme con Matilda Raffa Cuomo e Geraldine Ferraro, nel consiglio di amministrazione della NIAF. Il luogo comune del ruolo delle donne nella tradizione italiana relegava le donne ad un ruolo "subordinato" a quello degli uomini. Parlo sempre delle mie percezioni di osservatore di situazioni che vivevo nella mia posizione vicina al vertice della Fondazione. L'elezione di Geraldine motivò Aileen ad invitare nel suo studio di Manhattan Matilda e la stessa Ferraro per presentare un progetto già discusso con Roseanne Coletti, Bonnie Mandina e l'attrice, Donna de Matteo. Il progetto avrebbe comunicato al mondo maschilista l'esistenza di donne che, fuori dalla cucina, avevano raggiunto gli uomini nel mondo considerato, fino allora, meno accessibile al gentil sesso. L'acronimo NOIAW, dopo 45 anni, è diventato un'identità per tutte quelle giovani che avessero voluto perseguire una carriera professionale. La National Organization of Italian American Women era nata e restava nel Consiglio di amministrazione della NIAF. Doveva essere chiaro che ora le donne avrebbero ricevuto il giusto riconoscimento al contributo dato alla NIAF nella ricerca delle proprie radici culturali. La leadership di Aileen era il meglio che la NOIAW potesse chiedere negli anni '80 perché le sue intuizioni, sommate alla sua esperienza di esperta in psicoanalisi, ponevano ora la necessità di un ruolo più influente, delle donne italiano/americane, nelle decisioni del Consiglio di amministrazione (CdA) della NIAF.

I dubbi furono sciolti quando Walter Mondale chiamò, per la prima volta nella storia, una donna a sfidare la presidenza di Ronald Reagan. Quella donna si chiamava Geraldine Anne Ferraro-Zaccaro e la NIAF sotto la presidenza di Frank Stella con il chairman Jeno Paulucci, si mostrarono forse più diplomatici che entusiasti, con la prima americana di origine italiana, durante la storica cena NIAF del 1984 quando, con la presenza dei quattro candidati, Reagan/Bush e Mondale/Ferraro, la Fondazione raggiunse il mondo col suo messaggio mediatico: L'America aveva finalmente riconosciuto il successo del nuovo gruppo etnico.

NOIAW iniziò un nuovo percorso incontrando alcune tra le prestigiose leader delle donne italiane, dalla famosa scrittrice Dacia Maraini a Tina Anselmi, Presidente della commissione P2.[*] I viaggi culturali dagli USA verso l'Italia e la promozione delle studentesse, con il supporto di borse di studio, iniziò uno scambio bilaterale di giovani donne. Mia moglie Susy entrò subito a far parte della NOIAW mentre Ilaria iniziò la sua collaborazione con la Fondazione delle donne quando ancora era studente presso l'università di Georgetown, in Washington, nel 2002. La NOIAW, grazie alla leadership di Aileen Riotto Sirey e alla sua personale amicizia con donne del calibro di Geraldine Ferraro e Matilda Cuomo, partì come un razzo suscitando l'interesse dei movimenti femminili USA e italiani. Importante fu anche l'interesse della Baronessa Mariuccia Zerilli Marimò, una vera filantropa della promozione della cultura italiana nel mondo, la quale attraverso la sua determinazione e lungimiranza, fondò un punto di riferimento per chi avesse voluto seriamente interfacciare gli americani di origine italiana: La casa italiana Zerilli Marimò. Questo punto di riferimento, presso l'Università di New York, NYU, viene sempre menzionato nella biografia di questa grande donna, con la retorica tipica delle culture antiche. La donazione multimilionaria della Baronessa attirò l'attenzione incondizionata di tutti coloro che allora cercavano, in qualche modo, di trovare un posto da protagonisti nell'interessare l'Italia, dopo la NIAF, alla promozione della cultura italiana in America. Naturalmente diamo sempre per scontato che tutto ciò che scriviamo è stato iniziato dall'OSIA.

La Casa Zerilli-Marimò fu fondata nel 1990 e la direzione fu affidata ad un giovane accademico italiano di Bozzolo, in provincia di Mantova, Stefano Albertini. Avevo incontrato casualmente il giovane Stefano durante uno dei miei frequenti viaggi in Italia e la mia azienda rappresentava la Zanini & Zambelli, una fabbrica di bambole artigianali famosa a livello mondiale. La signora Wilma Zanini aveva un sogno: mettere la propria produzione di bambole di Canneto Sull'Oglio,

---

[*] P2 fu un'organizzazione sovversiva che mirava a modificare la democrazia italiana.

solo 13 Km. da Bozzolo, nella multinazionale di Providence, HA-SBRO. Abbiamo voluto menzionare specificatamente Stefano Alber-tini Mussini, per portare l'attenzione sullo spessore culturale di un uomo che oggi è di diritto nella storia delle relazioni Italia-USA degli ultimi 30 anni. Ancora oggi, nel ricordo della Fondatrice, Stefano con-tinua l'opera iniziata dalla Baronessa, con l'umiltà dei saggi e il successo di chi, di diritto, può rappresentare l'importanza della cultura e della lingua italiana.

Non dimentichiamo che stiamo raccontando gli anni che vanno dal 1977 al 2004, gli anni dello sforzo di molti di quei "pionieri" che oggi non sono più tra noi. La Baronessa Mariuccia Zerilli-Marimò non si limitò solo a grandi donazioni e supporti economici per dare sostanza alla sua vocazione filantropica. La Casa Italiana di NYU re-sta ancora oggi, sotto la competente direzione di Stefano Albertini, la testimonianza concreta di un faro sempre acceso per guidare chi vuole avvicinarsi ai reali valori di una cultura comunque sempre in evoluzione. Tutte le volte che un italiano di origine americana ovvero un italiano lancia una nuova idea complementare alla diffusione della lingua e della cultura italiana in America, si scatena una gara per in-serire la nuova iniziativa nei programmi italiano/americani. La Baro-nessa non fece eccezione quando, richiamata da tutti i movimenti culturali italiano/americani, entrò a far parte della NIAF come pure della NOIAW. Lei arrivò quando la NIAF era già un elefante che aveva stabilito la sua presenza evidente e potente a scapito dell'agilità che l'aveva portata, in breve tempo, a rappresentare un fenomeno mai visto dalla nostra gente. La NOIAW aveva già radunato i grandi nomi delle donne italiano/americane più famose e stava creando fi-nalmente un punto di riferimento attivo, per una presenza più con-creta del contributo femminile alla presenza del gruppo etnico ita-liano negli USA. La presenza di diritto nel CdA della NIAF non im-pedì comunque alla Baronessa di trovare un terreno più fertile nel CdA della NOIAW che ricorderà sempre la compianta "Mariuccia" per la sua inesauribile spinta del movimento femminile verso l'Italia contemporanea.

Iniziò così una serie di viaggi di ritorno della NOIAW verso l'Italia. Ricordiamo che la Baronessa, vedova del Barone Guido Zerilli-Marimò, aveva un curriculum di grande spessore nel quale si evidenziavano i suoi trascorsi di membro della delegazione permanente della Santa Sede presso le Nazioni Unite, CdA della Frick Collection, Consiglio di Fondazione (Board of Trustees) della NYU, La Scuola Guglielmo Marconi di NY e la presenza in un 'impressionante lista di associazioni culturali internazionali di interesse mondiale. Il 2007 fu l'anno nel quale la NOIAW firmava un accordo col Ministero degli Esteri italiano, per un programma di scambio e *mentorship*, invitando gli studenti universitari italiani a lavorare in campi di loro interesse con personaggi della NOIAW. La logistica di quello storico viaggio fu assegnata all'ufficio romano della neonata Italian Language Inter-Cultural Alliance (I.L.I.C.A.) dove operavano, come rappresentanti in Italia, in sinergia con Franco Nicotra, Susy e Ilaria Marra. Ilaria aveva già lavorato con Matilda Cuomo nel il programma, ideato dalla ex First Lady, *Mentoring* per le scuole pubbliche del New York State. Un programma, *mentoring one-on-one,* per aiutare gli studenti delle elementari e medie a migliorare la loro comprensione nella lettura. Il viaggio ancora oggi costituisce, tra i tanti successi sotto la leadership di Aileen Sirey, una pietra miliare nella lista dei successi della NOIAW. Da Roma a Perugia, Parma, Brescia, un pullman carico di "NOIAW", presente la Baronessa Zerilli-Marimò, fu accolto con interesse e tanto entusiasmo. Aileen continuò a celebrare quel grande successo e organizzò una cena speciale presso il famoso ristorante San Domenico di Tony May, in onore della Famiglia Marra che lavorando con la NOIAW aveva seguito, fisicamente con Ilaria e Susy Marra, tutte le tappe del tour italiano assicurando lo svolgimento tranquillo della missione. Aileen consegnò una targa alla famiglia Marra sottolineando che, per la prima volta in 27 anni dalla creazione della NOIAW, si tornava dall'Italia con un incasso positivo (oltre $40,000) per i programmi della Fondazione. Un successo dovuto alla presenza della Baronessa, alla leadership di Aileen e soprattutto ad una sinergia dedicata al successo del progetto. Oggi, sotto la guida della Chairman Maria Tamburri, la NOIAW continua la sua strada con le iniziative che sono divenute, finalmente, tradizione, delle donne americane di origine italiana le quali, arrivate dopo le donne latino/americane e africano/americane, hanno comunque raggiunto il loro obiettivo. Certamente mancano all'appello due icone della grande intuizione di Aileen Riotto Sirey: Geraldine Ferraro e Mariuccia Zerilli Marimò. A loro va la nostra riconoscenza e soprattutto il privilegio di averle conosciute.

GLI AMERICANI DI ORIGINE ITALIANA NEL XXI SECOLO

Torniamo alla NIAF e all'OSIA anzi, all'OSDIA perché oggi insieme all'eterno Joseph Sciame (paesano di Vincenzo Sellaro), i Sons of Italy hanno un nuovo acronimo: Ordine dei Sons e Daughters of Italy in America (OSDIA). Naturalmente OSDIA rivendica la rappresentanza di oltre 26 milioni di americani di discendenza italiana in America e Canada con più di 600 mila membri attivi nel continente Nordamericano, come si legge su Google. Su Google si legge pure che NIAF è la più grande Fondazione rappresentante di oltre 20 milioni di americani di discendenza italiana negli Stati Uniti. Dobbiamo ammettere che, alla scoperta degli americani di origine italiana, uno studioso potrebbe avere qualche difficoltà a comprendere i ruoli delle due maggiori Fondazioni (senza dimenticare la Columbus Citizen Foundation) che rappresentano il nostro gruppo etnico. Io, a livello personale, dopo una vita passata tra NIAF e OSIA (oggi OSDIA) ho difficoltà a capire chi mi rappresenta anche se incoraggio questa gara perché cresca ancora di più l'adesione di chi cerca di scoprire le proprie radici italiane. Dopo aver letto e riletto il libro del mio maestro, Dean Professor, Anthony Julian Tamburri, ho deciso di scrivere questo modesto contributo di osservatore diretto di alcuni dei fatti che ci hanno fatto grandi. I "pionieri" volevano solo costruire l'unità del nostro gruppo etnico che, se la memoria non mi inganna, agli inizi degli anni '70 contavamo più di 2700 associazioni nei 50 stati mentre il programma di affiliazione alla NIAF, le ridusse a circa 700. Uno sforzo ciclopico perché la profezia di William I. Thomas, relativo ai tempi nei quali fu scritta, poteva essere sostituita dal suo storico teorema che enunciava una pietra miliare della sociologia moderna: "Gli italiani" avevano dimostrato che alla base del loro successo, c'era la loro abilità nell'accettare la reale situazione nella quale si erano evoluti. Le reali conseguenze conquistate, erano finalmente sotto gli occhi di tutti.

All'inizio degli anni 2000 il mondo cambia e gli abitanti del nostro pianeta debbono rivedere le loro abitudini e le loro aspettative. Le forme associative del '900, acquisite e garantite da un sistema planetario diviso da situazioni economiche sbilanciate, aprono una forzata pausa di riflessione. Non fece eccezione la NIAF che stava considerando nuove sedi al di fuori dell'Hilton ormai esaurito nella capienza di 3000 posti e incapace di garantire la sicurezza per le 3500 potenziali prenotazioni. La recessione, la paura degli attentati e le necessarie misure di sicurezza per i voli, ridussero quelle prenotazioni a meno della metà delle precedenti. Le chiese, i templi e le sinagoghe registrarono un aumento di presenze dei fedeli, in media, del 50%. Jeno Paulucci e Frank Stella avevano esaurito la loro spinta e alla loro età, rispettivamente 84 e 83 anni, meritavano un riposo mai cercato. I loro successori che cito solo per la fortuna di averli conosciuti: Frank Guarini, ex deputato democratico, al congresso per quattordici anni. Filantropo e icona democratica del New Jersey. Sal Zizza, di New York, un grande imprenditore che successe and un prominente consulente politico, Joseph Cerrell, della California. Dopo il Dr. Ciongoli (Dal Vermont, 2005), Jerry Colangelo (di Chicago) e un altro gigante finanziario di New York, Vincent Viola. Tra i nuovi giganti del nostro gruppo etnico, incontriamo Gabriel Battista (1944-2020), più edotto sull'Italia di molti italiani. Louis Freeh, un uomo di legge e tradizionale padre di famiglia, Patricia de Stacy Harrison e Salvatore Salibello. Adesso, prima di arrivare ad una seria colonna della NIAF post Jeno e Frank, vorrei menzionare un paio di aneddoti che mi relazionano a due protagonisti che ebbi la fortuna di introdurre alla NIAF, sempre come modesto servitore della Fondazione. Sal Salibello voleva essere parlare con Frank Stella perché aveva idee che sarebbero potute servire al nuovo fenomeno che stava attraendo ormai tutti: gli italiani e quelli che volevano essere italiani. Sal venne nel mio ufficio, allora sulla Fifth Avenue pensando di dover seguire chissà quale protocollo. Fu sorpreso quando gli dissi che poteva parlare subito al telefono con Frank, che risiedeva a Detroit, per decidere direttamente insieme con lui come e quando incontrarlo. Vincent Viola invece, partecipando al nuovo Gala di New York che, come Vicepresidente Regionale, avevo riproposto prima della caduta delle torri gemelle, osservò la mia confidenza con Dick Grasso, presidente dello Stock Exchange e mi chiese se avessi potuto introdurlo. Vincent era già nell'olimpo del Commodity Exchange e i due più grandi istituti finanziari di New York erano divisi da una strada. Insomma, due giganti che sarebbe stato semplice pensare uniti, se non da amicizia, almeno dal nome che terminava in vocale.

Inutile aggiungere che si ritrovarono tutti nella NIAF, nel Columbus Citizen Foundation e in quella che oggi è la più grande rete di associazioni e fondazioni italiano/americane. Naturalmente, tra i protagonisti della NIAF degli anni '90 dobbiamo ricordare anche coloro che nelle posizioni di responsabilità di grandi stati, come Pennsylvania e Illinois, rispettivamente Matthew Di Domenico ed Egidio "Gene" Farina, fecero un grande lavoro per la Fondazione. Spesero le proprie energie e la propria vita per servire la causa del gruppo etnico molto rappresentato nei numeri di americani italiani presenti nei due stati. Come non ricordare l'avvocato Arthur Furia, fino a qualche anno fa il punto di riferimento della NIAF in Florida, la sua opera ha consolidato un altro capitolo di successo regionale.

La mia opinione di osservatore mi fa scrivere che il contributo di tanti responsabili "regionali", sono stati spesso fondamentali per il successo della sede NIAF di Washington. Farina, originario di Pesaro nelle Marche, parlava italiano e riuscì, tra le tante iniziative che intraprese a favore della NIAF di Chicago, a portare il gruppo musicale dei Pooh in Illinois. Scritto così oggi potrebbe avere un significato solo per noi attempati perché anche i Pooh oggi hanno raggiunto un'età di rispetto, più vicino agli 80 che ai 70 anni. Per misurare l'importanza di quello che fece Farina (ormai anche lui passato a miglior vita) dobbiamo menzionare la vendita di oltre cento milioni di dischi nella loro carriera. Con i Pooh c'era anche la sorella del Presidente della FIAT, Susanna Agnelli che annunciava la creazione del Telethon italiano. Da allora il Telethon Italia, iniziato per interesse della Famiglia Agnelli, è diventato una consuetudine nazionale italiana per la raccolta fondi a sostegno della ricerca per la cura di malattie rare.

I cambiamenti spesso sono costretti ad ignorare qualche dettaglio e la NIAF di Washington non fece eccezione quando la NIAF era ormai divenuta una "Ambasciata" per gli americani italiani. La Columbus Citizen Foundation a New York, l'UNICO in New Jersey, la NOIAW e uno tsunami di nuove associazioni, sono ancora qui a testimoniare che il tempo delle partite a carte, per giocarsi un caffè, fanno ormai parte della nostalgia e del ricordo. Tutti coloro che avevano a cuore la continuazione del successo celebrato e promosso a Washington, sono strutturati in nuove forme associative, senza le carte e il caffè. Matthew Di Domenico di carattere molto gioviale, spese il suo tempo pensando anche al futuro della NIAF promuovendo tanti giovani talenti. Tra tutti spicca il nome di una giovanissima Avvocata, Linda Carlozzi la quale, dopo essere stata per anni alla testa dell'Italian Welfare League di New York, ha trovato il suo riconoscimento nella sua elezione al CdA della NIAF. Congratulazioni.

Ormai fuori dalle liste degli invitati della NIAF e dell'OSIA, mi ritrovai di nuovo in quella sala dell'Hilton, al Gala NIAF dell'Ottobre del 2011. Frank Stella non c'era perché passato a miglior vita il 27 settembre del 2010. Per una strana combinazione del destino, Lois Paulucci, l'amata compagna di una vita del grande Jeno, morì 4 giorni prima del suo "piccolo grande Uomo", il 20 novembre del 2011 mentre Jeno la seguì il 24 Novembre. Notizia ugualmente triste fu quella che tutti gli italiani all'estero apprendemmo, con grande dolore: la scomparsa di Mirko Tremaglia. Solo un cenno per rimarcare la mia fortunata vita che mi legò a Mirko da profonda amicizia. Il Ministro per gli italiani all'estero fu instancabile nel volere il voto per gli italiani che vivevano fuori dai patri confini sostenendo che la nostra evoluzione e la nostra coscienza politica, avrebbero portato ancora più consensi al Bel Paese. Franco Danieli, il ministro che successe a Tremaglia, rappresenterà sempre, per me, la prova della necessità di lavorare uniti per vincere. Se la mia amicizia con Tremaglia resta provata da una stima reciproca senza limiti, la mia relazione con Danieli fu anche più vicina dal momento che la sua fiducia mi privilegiò al di là di quanto io potessi sperare. Franco, di credo politico diverso da Tremaglia, lo ricorderò sempre come uno degli avvocati più onesti prestati alla politica.

Torniamo comunque alla ragione per la quale, nel 2011 mi trovavo a Washington, dopo 9 anni, al Gala NIAF. Arrivai, con la mia Famiglia, per onorare Claudio Bozzo, il giovane presidente della MSC Nord America, che riceveva. il premio speciale per i giovani imprenditori. Lui, insieme con il Prof Tamburri, erano già nel CdA della nuova Fondazione, ILICA, creata col solo scopo di richiamare l'attenzione del gruppo italiano/americano sull'importanza della lingua e cultura italiana come mezzo per meglio comprendere il significato delle proprie radici. Nota curiosa, Giorgia Meloni, poco più che trentenne, rappresentava, come ministro della gioventù, il governo Berlusconi al Gala NIAF del 2011. Da notare che la giovane Giorgia si presentò al Gala con uno smoking/tuxedo di un'eleganza unica su una ragazza dove nulla faceva prevedere il suo futuro di prima donna nel ruolo di primo ministro d'Italia. Eppure, quello smoking così originale (non furono poche le signore in abito da sera a notare quella originalità) era poco in sintonia con la retorica del discorso che la giovane Meloni lesse in un inglese molto comprensibile, con toni sicuri e voce ferma, Tutti pensammo che le fosse stato scritto perché, come per tutti i giovani esiste chi, con una età più matura, pensa sempre di avere più esperienza. La mattina successiva volevo incontrare quella "ragazzina" e, con Susy, fummo puntuali alla prima colazione dove ascoltammo un indirizzo di saluto "a braccio", più in sintonia con il carattere che pochi anni dopo tutto il mondo avrebbe avuto la possibilità di apprezzare. Peccato che ci fossero solo pochi sopravvissuti alle feste della sera prima, che si erano protratte fino alle ore piccole della mattina, e solo una ventina di persone distratte e assonnate poterono apprezzare la forza politica della "ragazzina". Un altro evento fortunato nella mia vita di osservatore partecipe di tanti eventi storici. E il 2011 fu anche l'ultima volta che un presidente degli Stati Uniti partecipò al Gala NIAF.

Fu grazie al grande lavoro del direttore nazionale John Marino e ai suoi contatti che il Presidente Barak Obama presenziò, per la gioia dei quasi 3,000 presenti, una serata speciale. Speciale anche per il premio conferito a Frank Guarini il quale, dopo aver preso in eredità il successo di Jeno e Frank, cambiò la NIAF, a cominciare dal logo fino alla nuova realtà che osserviamo oggi. Un'ultima nota sui cambiamenti che percepii nei tre giorni di festeggiamenti organizzati da NIAF per il Gala 2011. Il primo riguarda l'ex presidente del Senato italiano, Marcello Pera il quale, nel 2002 fu ricevuto al Gala NIAF, con tutti gli onori dovuti ad una autorità politica e accademica di enorme spessore. Nel 2011, il senatore, Professor Marcello Pera fu invitato a presentare il suo libro, scritto a quattro mani con Papa Ratzinger (Benedetto XVI), "Senza Radici". Il salone dell'Hilton per l'occasione era stato trasformato in una "Piazza Italia", e assumo la responsabilità di questa mia percezione: *"Rifletteva lo stile essenziale della ex Little Italy e di Arthur Avenue nel Bronx"*. Alcuni marchi italiani, tra i quali spiccava l'Alitalia e, senza citarne altri, c'erano diversi padiglioni, arrivati dall'Italia con la promessa e la speranza di far conoscere i propri prodotti ovvero venderli ad una folla di curiosi che li fotografava compiaciuta. Il Senatore Pera fu invitato su una pedana rialzata che fungeva da palco, con una sedia al centro, lo invitarono a sedersi e gli porsero un microfono per amplificare la sua voce. Una decina di persone trovarono le sedie comode per una pausa e si vedeva chiaramente che non avevano la più pallida idea di cosa quel distinto signore facesse con un microfono in una mano, un libro nell'altra mentre cercava di scrutare i suoi appunti per meglio spiegare il significato della sua presenza. Pensate che il libro trattava del relativismo europeo, il valore del cristianesimo e dell'Islam. La cosa più umiliante fu quando la voce di uno dei salumai iniziò a gridare dal suo stand, posto circa 5 metri dalla scena: *"Muzzarella, sausicce come on people, come and have a taste of Italy!"* Giuro che mi sentii imbarazzato per il Professor Pera e amareggiato perché quella scena era esattamente quello che Jeno e Frank erano riusciti ad evitare per disarmare i detrattori del gruppo etnico più bello degli USA. Sì, è vero, siamo entrambi, genio e sregolatezza, mentre lo spettacolo appena descritto apparve, ai miei occhi, più folklore che cultura. Cosa invece che non dimenticherò mai fu l'espressione di John Salamone (ormai direttore nazionale a vita della NIAF), il quale, correndo tra uno stand e l'altro, quando si accorse della mia presenza, mi guardò con evidente sorpresa: *"E tu cosa ci fai qui?"* Avevo sempre considerato John un caro amico e la mia risposta fu semplice: "Ho comprato un tavolo per Claudio Bozzo e pensavo fosse una buona occasione per rivedere tanti Amici come te". Senza giudicare ovvero commentare le ragioni che hanno temporaneamente ridimensionato i nostri raduni di Washington a poco più di mille partecipanti, contro i 3,000/3500 dell'inizio anni 2000, vorrei comunque provare almeno ad esprimere la mia percezione.

L'avanzamento tecnologico e informatico insieme con le mutazioni sociali, delle quali abbiamo già parlato, hanno influenzato non poco la riduzione di partecipanti in presenza agli eventi annuali. Alla fine, ho condensato oltre 40 anni di osservazioni, in pochi aneddoti ed episodi che ho ritenuto importanti. La memoria aiuta molto a guardare con tolleranza al passato cercando di ricordare tutto il positivo del nostro vissuto, eravamo molto più giovani. Mentre la maturità ci aiuta a meglio comprendere quanto importante sia lasciare, a chi viene dopo di noi, le nostre conoscenze e le nostre esperienze perché possano essere analizzate nel contesto storico di chi non potrebbe mai riviverle. Forse avevano ragione Jeno e Frank che vissero col motto *"Non far sapere alla destra quello che fa la sinistra"*. La loro leadership, coraggiosa e solida nel principio del rispetto umano, ha contribuito a produrre quei benefici dei quali tutti noi continuiamo a godere.

Credo di non offendere la memoria di coloro che ci hanno lasciato un'eredità ricca e difficile da gestire, se con Jeno e Frank ricordo anche

Vincenzo Sellaro. Le nuove generazioni hanno Internet, Google, Alexa, e Siri che spiegano esattamente alla sinistra quello che sta facendo la destra. Per non parlare della neonata Intelligenza Artificiale che guiderà i nostri avatar nel contesto del metaverso ormai inevitabile. L'analisi del Professor Tamburri nel suo *A Politics of [Self-]Omission* rappresenta il disperato richiamo ad una nuova leadership culturalmente preparata ad affrontare le nuove sfide. Gli ideali e la politica hanno ormai esaurito la loro funzione tradizionale e la crisi non tocca solo il nostro gruppo etnico. La tecnologia e l'informatica sono ormai patrimonio di una minoranza che non può ignorare le masse che alle prese con i miseri problemi umani, stanno caratterizzando questo principio di XXI secolo con esodi biblici. La corsa al riscatto sociale ci ha impedito di fare pause per ascoltare i richiami dei grandi filosofi (incluso Papa Ratzinger) sul "relativismo diffuso", secondo il quale tutto si equivale e non esiste alcuna verità. La scoperta che non esista alcun riferimento assoluto, sempre secondo Ratzinger, *"non genera vera libertà, ma instabilità, smarrimento e conformismo alle mode del momento"*. Jeno e Frank, vissuti nel secolo scorso, avevano nel loro DNA il genio e la sregolatezza, caratteristica di una cultura discutibile, con una identità specifica. Jeno tornava tutti gli anni a Bellisio Solfare (Pergola), nelle Marche, al paese da dove i suoi genitori partirono per lavorare in miniera negli USA. Jeno, multimilionario americano, con i suoi "paesani", in occasione della festa, portava a spalla la statua della madonna per le strade di Pergola. Frank Stella andava a messa tutte le mattine perché credeva che solo con l'aiuto di Dio avrebbe potuto affrontare i problemi quotidiani. Il sacro e il profano, l'ideale e il denaro, due storie di grande successo condivise "da vicino" con le proprie radici. Non avrebbe potuto essere diverso il loro atteggiamento che, a differenza di tutti noi, subirono l'influenza dei loro nonni, i primi italiani vissuti con lo Statuto Albertino (scritto nel 1848 e in vigore fino al 1861), la prima costituzione italiana che contemplava una sola religione e un solo Dio. La stessa costituzione di Re Carlo Alberto di Savoia (dal nome del quale si definisce "Albertino"), poi ripresa e aggiornata dal primo re d'Italia, Vittorio Emanuele II, sempre in lingua francese, nel 1861.

Lascio naturalmente il dibattito a chi, più qualificato di me, possa discutere su temi che una persona modesta può solo osservare e raccontare. Questo ultimo paragrafo vuol solo essere di supporto alle tesi elaborate dal Professor Tamburri nel suo *"A Politics of [Self-]Omission"*. L'esasperazione del concetto religioso, presunto comune a tutti gli italiani ovvero americani di origine italiana, ha profonde radici che solo la storia può spiegare. Dibattere un fenomeno del quale non si conosce l'origine, può solo generare un confronto di opinioni assunte su informazioni poco precise. Il rapporto storico proposto dal Professor Tamburri nel suo libro dovrebbe essere letto da tutti gli americani di origine italiana per comprendere l'importanza di una preparazione culturale, complementare a tutte le nuove esperienze sociali e scientifiche. Francesco Nicotra, rappresentante della NIAF in Italia, tentò con insistenza maniacale di trasmettere l'importanza della cultura italiana fondando e diffondendo tramite Alitalia, la sua meravigliosa rivista *"Italy Italy"*. Scritta in due lingue, *Italy Italy*, era decorata con immagini e foto fantastiche per informare i lettori sul significato delle meraviglie della culla della cultura occidentale. Un grande progetto nel quale Nicotra coinvolse anche la figlia Stefania mentre il risultato, con gli americani di origine italiana, fu inversamente proporzionale all'impegno profuso. La maggioranza dei lettori abbonati risultò essere di origine wasp ed ebraica. Nell'anno del primo giovanissimo presidente non eletto dal CdA della NIAF, Franco Nicotra ebbe almeno il riconoscimento di entrare nel Board di Washington. Un'altra importante decisione per il coinvolgimento delle nuove generazioni nella missione della NIAF. L'attuale Board della NIAF (2021-2025) è stato definito una potenza *(Powerhouse)* e sono felice di vedervi dentro alcune delle persone che considero parte positiva dei miei ricordi, raccontati in questo mio modesto Amarcord: Joseph Del Raso, John Rosa, Roberto "Bob" Allegrini, John Calvelli, Kenneth Aspromonte, Professor Antonio Giordano, Senator Capri Cafaro.

Per avere speranza dobbiamo nutrire la memoria. Nei principi della fisica si legge che "nulla si crea, nulla si distrugge, tutto si modifica". Un principio facilmente applicabile anche alla diplomazia e alla politica perché, in una società libera e democratica, non esistono vincitori né sconfitti permanenti. Esistono (o almeno dovrebbero esistere) opinioni differenti utili a raggiungere una soluzione per il bene comune: competizione non conflitto.

FINALMENTE ABBIAMO VINTO!

La NIAF è finalmente riconosciuta da tutti come l'ambasciata degli americani di origine italiana a Washington. OSIA è finalmente OSDIA riconoscendo alle donne il ruolo implicito che comunque aveva sempre garantito. Il Columbus Citizen Foundation ha eliminato il termine "Club" semplicemente perché non rappresentativo della varietà di professioni rappresentate dai suoi soci. Ci fermiamo a questi esempi più noti, senza pregiudizio ma solo per mancanza di spazio e tempo. La nostra opinione è favorevole e positiva nei confronti di chi oggi è impegnato a consolidare quello che abbiamo raggiunto, tutti insieme, con tanti sacrifici. Coloro che abbiamo descritto come "giovanissimi" (Calvelli) sono oggi uomini di chiaro spessore e leader nel loro impegno. Dobbiamo continuare a sostenere anche coloro che non abbiamo avuto il piacere di incontrare ma che costituiscono modelli contemporanei per i giovani di domani, come Bob Carlucci. Un uomo che ha dimostrato un talento non comune nella vita e negli affari. Anche lui come tanti di coloro che abbiamo menzionato attraverso questa testimonianza, lascerà un segno innovativo nella nuova NIAF. Un segno che solo la storia dirà quanto importante ovvero quanto dimostrativo nella lotta all'abominio dello stereotipo.

La differenza tra gli italiani e gli americani di origine italiana dovrebbe costituire un fronte comune per certificare il comune successo raggiunto meramente in poco più di un secolo. Credo che già siamo tutti uniti e forse non ce ne siamo accorti: i più meritevoli, tra noi, si alternano sempre sui diversi podi delle diverse Fondazioni. Gli stessi tentativi di tornare ad unificare i tanti movimenti, locali e/o nazionali, sono la prova di un successo che ancora non percepiamo nostro. "Loro", per noi, sono una casta miliardaria e milionaria, difficile da avvicinare perché il successo oggi si misura sempre più sul valore economico. Ho difficoltà a ricordare grandi donazioni italiane per sostenere la nuova cultura americana di origine italiana. Le borse di studio che diamo ai nostri studenti più meritevoli, sono modeste se guardiamo ai costi reali per studiare oggi. I programmi di scambi culturali forse non sono pubblicizzati abbastanza perché sono sempre negoziati tra i vertici accademici delle parti interessate. Non so se ci sia stata qualche modifica recente, nei programmi culturali, perché la cultura ereditata ovvero acquisita, fa parte del nostro DNA e non sentiamo la necessità di finanziarla. Naturalmente mi riferisco anche ai tempi migliori (anni '80 e '90) del secolo scorso quando era normale dire che i giovani non avrebbero potuto contribuire alle nostre raccolte fondi. Come fosse normale tener lontano gli accademici sempre alla ricerca di fondi per "fare qualche viaggio gratis a conferenze che producevano solo costi".

L'importanza di lavorare ai vertici di Fondazioni non profit per gli americani di origine italiana, dovrebbe essere considerato un privilegio temporaneo per arricchire la propria vita di un'esperienza unica e irripetibile. Inserire un serio programma di "fusione tra le due culture, italiana e italiano/americana", potrebbe diventare un progetto storico che solo il gruppo etnico più bello del mondo possa compiere. Pensiamo solo dove eravamo cento anni fa. I nostri leader non hanno niente da invidiare a Walt Disney, Fantasia e creatività: "*Se lo puoi sognare, puoi farlo*". La maggior parte di tutti coloro, con i quali ho condiviso la mia irripetibile esperienza tra USA/Roma e Washington, sono morti o longevi (passatemi il termine) perché dopo i 90 anni siamo tutti longevi. Mi torna in mente una delle figure culturali più impressionanti del secolo scorso, Gay Talese, un "giovane Amico" di 91 anni che non potremo mai chiamare vecchio. E cosa dire del maestro di noi tutti, Roberto "Bob" Viscusi, che ci ha lasciato una grande testimonianza del riscatto culturale degli americani di origine italiana: *Ellis Island*, "un poema di 624 sonetti in ordine determinato e immutabile". Solo un esempio di due menti eccelse (Viscusi era anche Professore Emerito di letteratura inglese e americana) per richiamare l'attenzione sulla necessità di segnalare questo fenomeno al mondo accademico italiano oltre che agli addetti ai lavori. Gli americani di origine italiana non sono solo ricchi, non sono solo americani, hanno anche un DNA che, in poco più di cento anni, li ha portati ai vertici del mondo accademico americano.

Ricominciamo dalla nostra nuova cultura riconoscendo i nostri scrittori, poeti, accademici. Senza di loro sarà difficile ricordare che siamo anche esistiti. Un giorno, tornato in missione in Italia, cosa che facevo spesso, guardavo la televisione di notte per il problema del fuso orario. A mezzanotte partì uno speciale su Ellis Island, illustrato e commentato in lingua italiana dal Professor Roberto Viscusi. Tornato a New York chiesi a Bob Viscusi perché non mi avesse mai detto che parlasse perfettamente in italiano. Mi rispose: "Perché non me lo hai mai chiesto".

Una storia comune avrà sempre più forza e valore quando troverà la condivisione di tutti coloro che l'hanno vissuta.

Ormai sappiamo di essere, più o meno, tutti benestanti se guardiamo indietro alla nostra storia, sia italiana che italiano/americana. Dobbiamo passare a promuovere la nostra cultura attraverso chi sta lottando perché il miracolo degli americani di origine italiana si fonda culturalmente con la cultura italiana. Non siamo più i "Paisà" tanto celebrati dal folklore di chi ci guarda dall'Italia. Poniamo la nostra comune attenzione sui nostri comuni valori intellettuali che, nel lungo periodo, produrranno più ricchezza di quanta ne stiano già producendo le tante iniziative in esistenza. Se stiamo andando verso una inevitabile globalizzazione, inventiamo la spinta verso l'alto perché l'evidenza che stiamo vivendo, ci illustra un quadro diverso da quello che tutti avevamo pronosticato. Se un intellettuale moderno scrive un libro che suona come un grido contro il relativismo e il potere identificato con il valore del denaro, ascoltiamolo e creiamo un tavolo condiviso dalle nuove leadership.

La mia testimonianza dovrebbe aver dimostrato che è sempre più facile, tra mille difficoltà, creare un nuovo successo. La parte più difficile è sostenere e perpetuare quel successo perché la competizione è spietata. Diamo voce a chi possa spiegare meglio perché, come diceva il mio amico Tommy La Sorda, "Il mondo è fatto da due gruppi: gli italiani e quelli che vogliono essere italiani!" Diamo sostanza alle barzellette che La Sorda amava raccontare perché alla base di ogni ironia c'è sempre una storia vera.

Il segreto del cambiamento è concentrare tutte le tue energie non per combattere il vecchio, ma per costruire il nuovo. —Socrates

Geraldine Ferraro and Vincenzo Marra.

Geraldine Anne Ferraro was an American politician, diplomat, and attorney. She served in the United States House of Representatives from 1979 to 1985 and was the Democratic Party's vice-presidential candidate running alongside Walter Mondale. She was the first female nominee for vice president representing a major American political party.

Frank Stella, Luciano Pavarotti, Lee Iacocca, Vincenzo Marra

Vincenzo Marra and Jeno Paolucci

Muhammed Ali and Vicenzo Marra

Vincenzo Marra, Frank Annunzio, Richard Crenna

Antonin Scalia and Vincenzo Marra

Ambassador Boris Biancheri and Vincenzo Marra

Vincenzo Marra and Ambassador Giorgio Radicati

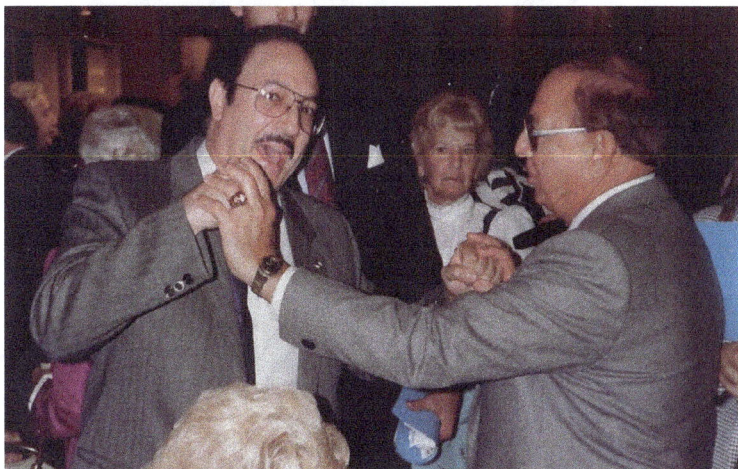

Vincenzo Marra and Angelo Dundee

Fred Rotondaro

Vincenzo Marra, Jeff Capaccio, Chuck Mangione

Ambassador Maxwell Rabb and Vincenzo Marra

Alan Greenspan and Vincenzo Marra

Jerry Colangelo and Vincenzo Marra

Frank Stella, Judge Domenick Massaro,
Ambassador Giuseppe Mistretta, Vincenzo Marra

Marcello Pera and Vincenzo Marra

Anthony Tamburri, Maria Tamburri, Vincenzo Marra

Vincenzo Marra and Yogi Berra

Vincenzo Marra and Tommy La Sorda

Vincenzo Marra and Sofia Loren

Ilaria Marra, Richard Grasso, Suzy Marra

Mario Cuomo, Matilda Cuomo, Vincenzo Marra

Mirko Tremaglia, Vincenzo Marra, Joseph Sciame

President William J. Clinton and Vincenzo Marra

Frank Stella with Vicenzo Marra

A man of all seasons — entrepreneur, supporter of education, healthcare, business, community and church leader — Frank Stella joined the NIAF Board of Directors in 1978 and served as NIAF Chairman from 1990-1998. In his role as chairman, he strengthened NIAF's relationship with other Italian/American organizations while solidifying NIAF's relationship with Italy.

Gianpiero Pagliaro, President, ILICA; Donna Chirico, Immediate Past
President, and Vincenzo Marra, Co-founder

Vincenzo Marra with world renown artist Alessandro Marrone

Vincenzo Marra and Michele Siracusano, co-founding member and
Vice President of ILICA

Man of the Year, ILICA CE 2017

Vincenzo Marra, Co-founder
ILICA CE Gala 2022

> *I know that I do not know. Wise is he who knows he does not
> know, not he who deludes himself with knowledge and thus ignores
> even his own ignorance.*   —Socrates

An unpretentious testimony, as objective as my memories will al-
low it to be. As concise as possible about experiences that I will
try to present as I saw and appreciated them, as neutrally as possible.
A description in short, concise sentences to inform the reader about
a recent historical success story, our success story: Americans of Italian descent. An invitation to look for other accounts so as not to
forget.

My father-in-law, a first-generation American and the son of a
true Neapolitan, served the entire Italian campaign in World War II.
He loved Italy while having difficulty understanding Italians and often
repeated, "If words were energy, Italy would be a dominant planetary
power." Although Italian blood flowed in his veins, old Dominic
(Nick) Fittipaldi, was a true American with little tolerance for the rhetoric of the Bel Paese (Italy). My first approach to New York was the
same night I arrived at my future in-laws' house (Feb. 6, 1971). It was
so cold that Nick was struggling with a problem typical of cold places:
the frost had cracked the water pipes of his beautiful house in Flushing. Two workers were desperately trying to explain to Nick that they
would have to replace the pipes that had split, and to do that they
would have to wait until the temperature had risen from -16 degrees
to at least zero. The workers, to Nick, were Italian because they spoke
a language he could not interpret. "Vincenzo, come here, *speak to these
people and tell me what they are* saying!"—"*Ci dicesse a 'u boss che le pippe
s'hanno frisate e tenimmo da ciangiarle con le pippe de castagna...ma iddu nun
capisce lo!*" I can't tell you Nick's anger when I confessed that I didn't
understand a word of what those two poor guys had explained to me.
Only later over a hot American coffee, sipped inside the house, did we
manage to translate the language the workers used to communicate.
"Tell the boss that the pipes (*pipes=pippe*) were frozen (*frozen=frisate*)

and had to be changed *(ciangiate)* with cast iron pipes *(cast iron=castagna)*. This was my first approach to Italian Americans and their relationship with Americans of Italian descent.

Fifty-two years have passed, and I have spent (from 1980 to 2005) working to improve that relationship between Italians and Americans of Italian descent finding that the historical division of Italian regions, continues to regenerate with this new Italian American culture. From 2004 to the present, I continue to work to leave a living testimony, to the new generations to whom I proposed my new idea by establishing the Italian Language Inter-Cultural Alliance (ILICA).

The sense of protagonism, so well-illustrated by Beppe Severgnini in his masterpiece books on Italians, is now joined by a new element: the culture of Italians abroad. The "mother country" of Hispanics of South American origin, began to take on a national identity of its own (Guatemala, Ecuador, Peru, Venezuela...) in the late 1960s. Most of South America continues, however, to speak the "mother tongue," something the Italians have lost. A culture without language becomes weaker and more vulnerable. The children of Italian emigrants quickly absorb the language of the place where they were born, automatically becoming Germans, Australians, Canadians, Americans and so on. This phenomenon has enabled the children of emigrants to quickly become part of the sociopolitical fabric of the countries where their fathers had emigrated, rising to the political and economic heights of those countries. The frequent returns of successful individuals, outside the borders of the Bel Paese, testify to the memory of their rise up the various social ladders where their grandparents landed to provide a better life for their children and grandchildren.

They all have a common denominator: they return to the small town from where their ancestors left to seek their fortune outside Italy. Once they discover their roots, it is normal to want to know them better, if only out of curiosity. Can we talk about Italian identity? Some of those countries have even disappeared because of the great emigration. Excuse the prologue, which is as detailed as it is necessary, to better understand the reality of the Italian American community in the U.S.

THE SUCCESS OF AMERICANS OF ITALIAN DESCENT

The Italians of the first emigrations to America, with very rare exceptions, lost their language, and one only has to read Professor Anthony Julian Tamburri's *A Politics of [Self-]Omission* for historical evidence of this. Instead, we would like to offer our own testimony, lived at the top of Italian American organizations in the 20th century (still living in the 21st), to try to understand the future evolution of this new culture. The various contrasts of opinion that are perceived, appear as a "pause for reflection," caused by the events known to all (pandemic, wars) where some of those characters to whom Tamburri, in no uncertain terms, dedicates his book would be trying to fit in. A leader does not improvise, a leadership is always linked more to the acclamation of the leader himself than to his appointment. And thanks to Professor Tamburri, we have learned that new leaders are being sought who have the courage to be acclaimed as opposed to the pretense of being appointed or worse "self-appointed."

It is difficult to convey what one wants to represent without possessing the cultural-historical knowledge necessary to represent a phenomenon that one does not know thoroughly. It sounds like a tongue twister while it may just be a reality that comes from afar. Since 2019, due to the pandemic and other misadventures, I have spent within the last 3 years, from 2020 to 2023, more time in Italy than in the U.S. Apart from the easy joke that this forced Italian residency of mine confirmed the choice I made in 1971 by going to live in New York, I have never forgotten the Italian language. My wife Susy, always present in my life, shared with me the choice to raise our only daughter with the same love that bound us to the Bel Paese. Needless to add, the Italy of the 1970s already presented a crisis that, however serious and complicated, could not have predicted the Italy of today. America and New York have also changed a great deal, and here, walking on quicksand, I refrain from any comment because reading Tamburri's book one can understand difficult opinions and judgments, thanks to a dialectic that only an incisive mind, with vocabulary proper to a celebrated academic, can communicate. It is clearly the opposite of my communicating style which contemplates only the spirit of a simple observer while being as neutral as possible.

If we then read the judgment of one of the fathers of American sociology, William Isaac Thomas (1863-1947), we Italians were already doomed, even before we were judged. However, Thomas was writing at the most dramatic moment of that geographical expression called Italy, which became a united "Italy" only in 1861. The first Italian constitution (1861), inspired by the French constitution, was written in French. The inhabitants of Italy, who had always been divided into small feudal statelets, had participated in World War I with a semi-illiterate army, divided by incomprehensible dialects among the military units themselves. In the cyclopean effort to educate and create a new unified state, the exoduses from the Bel Paese were of biblical scale, and the emigrants were full of hope in finding a better life in a new world. It was normal for the Chicago school chief, Thomas (until 1918), to leave us with the definition of that horde of desperate people who, by any means, arrived in America: *"Their children, though born in America, will always be 'incorrigible Italians' because of their strong individuality and their original, sonorous and difficult names."* Professor Tamburri's reminder of the plight of African Americans and other biblical escapes from modern poorer, warring countries of "different colors and cultures" seems tragically relevant. At the same time, Virginian Thomas enunciated his famous theorem: *"If men define situations as real, they are real in their consequences."* This theorem, known as "the definition of the situation," still constitutes today, one of the most important "rules" of the world's social laws.

The reference to Thomas seemed necessary to inform the reader about my first impact as an Italian immigrant in early 1970s America (New York). In 1971 I met the elected congressman from the Bronx, Mario Biaggi, a former policeman, totally dedicated to the service of

Italians who, like me, were now emigrating by choice. He immediately got me two meetings with Western Union and ITT where I learned the first lesson of the new world: no friends or nepotism, jobs were obtained on merit and competence alone. I changed my focus to learn the new culture from the bottom up, I started working unloading bags of cement. In the future I would meet again Mario Biaggi's right-hand man in the National Italian American Foundation (NIAF) and, to this day, we remain good friends with Bob Blancato, an esteemed great lawyer from one of the most prestigious law firms in Washington.

Importantly, it would be my first experience vis-a-vis the phenomenon of racism, which in Italy was virtually unknown to young people of my generation. The first trip I made on the truck loaded with concrete stopped at the World Trade Center, which was still under construction. The first driver asked me to get out of the truck, once at my destination, to unload 200 bags of cement, 25 kilograms each. I asked the African American guard at the site if I could use the lift to quickly unload the bags. The man replied that they did not have the lift, which was visibly parked in front of our eyes near the porta-potty. He replied supposedly that I would have to do it by hand. Before I could reply, the first guy got out of the truck and intimated that I should start unloading while he, from above, would put the sacks, one after the other, on my shoulders. The last sack seemed to weigh more than 100 kilograms, and I unloaded it in anger and fury. At this point I asked the warden if I could use the porta-potty; it was August and the fatigue and heat wanted to give my strong, vigorous physique of a young 24-year-old a break. The warden replied to me to find another solution because the bathroom was reserved for the workers at the site. My attempted reaction did not go unnoticed by the first guy, who dragged me by weight onto the truck and explained that he cared about his job. Visibly annoyed, I asked him what I had done to that gentleman to be so hostile to me. He replied that I was young, strong, white, and had a strange accent. He was claiming, as a discriminated black man, his position as the manager of a major construction site by mortifying the man he considered an unwelcome guest. He was basically returning some of the racism to which his people had been subjected for over 200 years. I will spare you the tone of the conversation between me and the first driver of my truck while I assure you, as you have just read, I have never forgotten the episode.

A year as a truck driver, in the construction field, convinced me to put my tie back on to give proper value to all the years spent on books. I had also mastered the English language, which allowed me to work from the office of Italcable, the Italian telecommunications company, located on the 102nd floor of the second tower of the World Trade Center. I was living our new life, new Americans of Italian descent, reading, hanging out and celebrating everything that somehow still tied me to Rome. After 10 years and many friendships in the various sectors of our community, Ilaria, our only daughter, was born. I lost my job in an incredible way because I refused to return to Italy (within 72 hours!) for a manager position, at the general management from where I had left.

This story of mine begins in mid-November 1981 when I flew to Detroit to meet with the new president of NIAF Frank D. Stella. I had picked up a variety of information that pointed to a group of "strange Italian brokers," the invitation to open a dialogue, over an unlikely telecommunications finance interest with the leadership of the newly formed NIAF. A young man without much experience, interested only in his own work, I had decided to report what I had allegedly learned, to the new president. After two days in Detroit and a long conversation with the president of this new Foundation of Italian Americans, Mr. Stella, he invited me to have lunch with him, beginning the unforgettable lunch with *"Young friend, I have yet to decide whether you are reckless or a brave man. I think in either case you could be more useful to me than I to you. I have just been elected and I am still trying to figure out how to create a new operational project for NIAF. Maybe we could set up the project by working together."* Thus began a dialogue that would end in 2010 with the death of the Chief, as I always referred to the Man

Who Changed My Life. For him, until the very end, I was always his "Boy." Let's start with Monsignor Geno Baroni, the founder of NIAF, in 1976, and Jeno Paulucci who was its first president and founder while Frank Bonora was its first national director. Jeno, a successful, self-made man, was the democratic soul of the new idea of an Italian American foundation that, outside the Sons of Italy, would gather all the successful, American men and women of Italian descent to amplify the positive side of an ethnic group, victim of stereotypes now considered redundant and harmful, for the children and grandchildren of that distant group of illiterate immigrants.

Given Jeno's financial and personal commitment, it may well be said that it was he, alone, who created NIAF. The original idea was IAF (Italian American Foundation) and it was Monsignor Geno Baroni who insisted on the "N" in National so that it would also reach Americans of Italian descent who were in states outside the East Coast, i.e. California. Professor Tamburri boldly denounces the historical ignorance of those who would like to rewrite history. Indeed, we have documents of recent interviews of responsible people who, in perfect good faith, try to explain the "nebulous" birth of the NIAF attributed, depending on political color, to Paulucci or to Stella. Stella was a conservative Republican as Paulucci was a progressive Democrat, both friends, allies and champions of one crusade on behalf of the large community of Americans of Italian descent. Henry Salvatori from California, Frank Sinatra from New Jersey, Dominick "Dom" Deluise, Al Pacino, Robert De Niro, Alan Alda, Nancy Pelosi, Tony Bennet, Jack Valenti, Peter Rodino, Tommy La Sorda, Yogi Berra, Joe Di Maggio, Antonin Scalia, Martin Scorsese, Frank Annunzio, Leon Panetta, Danny De Vito, Mario Cuomo, Geraldine Ferraro, Mario Lanza, Peter Falk and many, many, many others. So many others who had one element in common: they were all born between 1917 and 1940. This means that, to a good approximation, they were all children or grandchildren of the second wave of emigration i.e., the desperate people of 1900, who fled wars and hunger, full of hope, into the unknown. Southern Italy at that time recorded 90 percent illiteracy and close to 100 percent among women (Professor Pietro Trifone, University of Rome Tor Vergata). There would be so much to say while we would like to talk about us, the Italian Americans that is, Americans of Italian descent to try to understand how this avalanche of illiterates even managed to generate a new culture. The names of such famous people, which we have only minimally mentioned, were the heirs of Jimmy Durante, Perry Como and Dino Crocetti (Dean Martin), sons even of the first generation of emigrants who had not even tried to speak Italian yet.

With very rare exceptions, all those geniuses had a childhood at the "foot" of the American dream and, unable to communicate with their parents, were brought together by the first language that cemented those who bore surnames ending in vowels: the American language. Frank Sinatra receiving a lifetime achievement award from the NIAF in 1985, said verbatim, "I thank my grandparents who had the good sense to jump on that ship that brought them to New Jersey where I was born to two amazing parents. God bless America for all it has given me."

And all those names who took turns at the podium of the NIAF or OSIA (Order Sons of Italy in America), always spoke in English while singing the U.S. anthem with their hand over their heart. And while these heroic predecessors of ours were competing with all the ethnic groups that still form the "mosaic of freedom," represented by the stars and stripes flag, in Italy, maestro Alberto Manzi, at RAI (Italian NBC), began on November 15, 1960, the TV program "It's Never Too late." A program that aimed to teach reading and writing to all those Italians who, after World War II, were too old to attend elementary school and were partially or totally illiterate. The program, after 484 episodes, was closed due to the increase in enrollment for compulsory schooling (minimum 5 years of attendance) created by the new republican Italy. Italian culture began to be exported by the last generation of emigrants, that is, the first generation to emigrate by choice instead of necessity: it was the 1970s. I was part of that generation that had found a love for America in Italy.

Her name was Susy, the woman who would later be more than half of my life. A true New Yorker who was the daughter of a first-generation Neapolitan American, the aforementioned Dominick, and a true American, Grace Anthony, a historical surname reminiscent of Susan B. Anthony, the woman credited with getting the vote for women in America.

Working in building construction, I entered directly into the real social soul of America by perceiving striking differences between Rome and New York. I speak of course of human relations where tolerance, in New York, is still a rare commodity while ethnic difference is breathed in the no-holds-barred competition. Those were the days of Fort Apache in the Bronx where police who drove out, in their cars, from the Bronx police station were protected by armed colleagues on the rooftops of the station who acted as a deterrent to thugs who might want to take potshots at the men in uniform. Fourteen Months of that life convinced me to reflect on the decision to return to Rome where one could safely go out at night and park in the streets adjacent to Via Veneto. I did not have to work hard to convince my wife, the art professor, Susy, to follow me. She has always loved and still loves Rome with the enthusiasm of someone who has dedicated her life to art and culture. A few months later I informed my Susy that I without New York and the American dream could not live. Rome was already then in the hands of a rhetoric that was too politicized for young people and was heading toward an atmosphere more congenial to a mature and dependent population (public, because of the presence of so many ministries) than to the ambitious and willing young people of my generation.

JENO PAULUCCI AND FRANK STELLA: THE NIAF PHENOMENON

The challenge, the adventure, and the opportunities, of the famous dream, could have made me an American, and in the end, New York granted it to me and, although I retained a mastery of the Italian language, I learned to live and respect the dominant modern culture of which, I think by rights, I can today boast of being part. The success of Italian Americans or rather, let me write, Americans of Italian descent was about to take off and I was about to become part of it. How? I didn't know yet but that meeting with the Chief, Frank Stella, had given me the opportunity to cut the umbilical cord with Rome. I had not yet understood the size of Frank Stella, who nonetheless spoke of Italy's political leadership with the ease that friends have and boasted a clear familiarity with President Reagan and his deputy, George Bush. I was too young to understand what was about to happen to me even though the beginning was truly dramatic for me and my family. The Italian social and political culture was made up of friendships and recommendations while I did not realize that I was in the shadow of a relevant man in Italy/US relations. We made our first trip to Rome in 1982, and Stella would meet many people who, for me, until that trip, I had considered unreachable. Seeing them before Frank Stella, obsequious, deferential, almost servile, surprised me in no small measure. Only Andreotti and Craxi seemed to me to maintain a cordial relationship of respectful distance from what Stella represented. I found out later, however, that they were lifelong friends.

The first four years Stella, NIAF president, had led to a new operational structure where the excellent Dr. Fred Rotondaro was the new national director, Franco Nicotra consolidated his role as the sole representative for Italy, and NIAF began to move like a perfect machine with the presence of a very successful entrepreneur, Jeno, and an entrepreneur who added to his diplomatic role also that of teaching the "business administration" course at the University of Detroit, Frank Stella. In 1982 New York elected a son of Italian emigrants, Mario Cuomo, a symbol also for Italians, like me, who arrived by choice and had begun to compete on "intellectually" equal terms in the Land of Freedom and Opportunity for All.

Those were the heroic times of so many Americans of Italian descent who began appearing in the only American newspaper written in Italian: *Il Progresso*. A long list of names we were lucky enough to meet, discuss with them what it would be like if we were able to work for our common good. We talk about legendary names such as: Judge

Edward Re of Salina, the most beautiful Sicilian Island, as the immense Judge Re called it. Dominick Scaglione, tireless weaver of relations between Italy and the U.S. through Chase Manhattan Bank. Rocco Caporale, eminent scholar of the Meridione, who, through the prestigious Magna Grecia Association, focused on the identity of emigrants from Southern Italy as carriers of civilization and culture. How can we forget Judge Dominick Massaro, the first to think of collecting contemporary historical records of the various Italian American movements from the stables to the stars. Beginning in 1958, Judge Massaro began collecting the historical news of the American ethnic group of Italian descent. My attempt to recall what I experienced, starting in 1977, is very modest and I will continue to consult the judge to always improve my opinions.

Our ethnic group was ready to stand at the podium of the protagonists in the mosaic of ethnicities that made up the U.S.A. The NIAF concept had to be sustained like that train that only goes by once, and believe me, we all gave it our all so that together we would board that train for the most magical journey we Italian Americans had ever experienced. The apotheosis of the Paulucci/Stella duo, however, came at the 1984 annual dinner where the philosophy of the two geniuses became clear: to work together for the redemption of those who came to America to escape hunger.

Just days before the presidential election, the Reagan/ Bush couple and Mondale/Ferraro in the midst of the challenge for the White House found themselves sitting together at the NIAF Gala. It was a masterstroke that surprised even OSIA, which, after the surprise, would benefit from the great insight of the two NIAF entrepreneurs: the representation of Americans of Italian descent has the sole purpose of drawing the world's attention to the ethnic group that through the path traveled by all other groups, who came to America first, is confirmed as an integral part of the economic and social fabric of the United States.

A note due to Geraldine Ferraro who, like Susan B. Anthony, will be remembered by history as the first woman who succeeded in making politics speak female by accepting the challenge of running for Vice President of the United States. One day Susy and I were riding the train to Washington, DC, and at 10:30 a.m. we met Geraldine in the waiting room who was going to take the same train. When it was time to board, she waved us off because, as a lawyer, she was going to represent a client of hers and would be making the trip outside the dining car because she did not want to spend the client's $35, for lunch on the train. We explained that we would gladly share our sandwiches of Italian bread, prosciutto, and mozzarella with her. She was surprised and at the same time pleased that we could make the trip together with our sandwiches. It was the most interesting trip Susy, and I ever took by train, from NY to D.C. I think word had gotten out that Geraldine Ferraro was on the train, and she was so helpful that I think, apart from the engineer who was driving, all the passengers and crew were able to get an autograph and a smile from Geraldine Ferraro.

Susy and I managed to get her to eat the sandwich, but we were not so quick to get her autograph. NIAF was now a reality and opening a dialogue with OSIA would have been desirable while a silent competition existed for the most important, i.e., most prestigious Gala of Americans of Italian descent in Washington, D.C. Needless to add that this race toward excellence favored Italy, which did not miss the opportunity to start a vast program of bilateral initiatives with the 20 million children, grandchildren and great-grandchildren of that avalanche of illiterates who had always worked with the hope that the American dream had become a reality for them as well. A dream that is now also a reality for me thanks to Susy. From the exchange of young students to scholarships to fundraising to reaching as far as Texas and the Caribbean area to remind even the most distant American that his name ended in a vowel because his ancestors might have been Italian. I remember Kenneth J. Aspromonte, NIAF vice president for the Texas, Oklahoma, Alabama, and Caribbean area. Kenny was an exquisite person, a former professional baseball player, having played with the Boston Red Sox and other teams, including Los Angeles and Cleveland, he had maintained his Coors beer distribution in Houston, for 25 years. When we discussed programs in the NIAF Board of Directors, for the various areas of the U.S., he would smile because in his area of expertise it was difficult to explain to potential associates of Italian descent where Italy was. I remember, however, that his work was so fruitful that during a trip to Houston to meet the few "Italians" who spoke at our meeting, one, in particular, has remained in my memory. His name was Carmine Rossi, and he was disappointed when he insisted that he was Italian, and I could not understand his name until I read his business card. All his life he had introduced himself as *Carmain Rhassi.*

1985 confirmed the success of the Paulucci/Stella line. Frank Sinatra, himself, accepts the NIAF award as the sole honoree, in the company of his wife Barbara, in the presence of President Reagan and the First Lady, Nancy. Frank Sinatra's message upon receiving the award explains beyond all rhetoric the pride of being born an American "in America" even as the legendary Sinatra added that *"the NIAF award was important because it came from the Family."*

It was time to do something more concrete to make the Italians, who had always been divided by a feudal concept of power, understand that NIAF could not be touched because it was democratic and close to the people. We discussed in Detroit a trip for the whole American Family of Frank Stella. Let us not forget that Frank was born the fifth child of nine siblings and the first four were born in Gualdo Tadino while he was born in Jessup, Pennsylvania. Umbria was in Stella's heart, however, thanks to his brothers who, his older brother Andy told me, once they recognized Frank's genius, gave up their studies to help him, who did not disappoint them. I suggested that Frank talk to Enrico Manca, who had just been appointed general manager of RAI, the Italian NBC, because Manca had been born in Gualdo Tadino and an endless story could have been born from the trip, of his return to his roots. Stella had seven children, and it seemed normal to me to suggest that Frank Stella take a trip with the whole family to his hometown. I hoped to make, with that trip, a leap in the consideration of those who had been following me for five years now, alongside the first great Italian American leader. I think my mistake was lack of experience because when the project was accepted, my Chief was very explicit in establishing the partnership for the division of success: he would pay for his Family's plane tickets and I would take care of everything else. That was the part I was missing because where I was from, Rome before Italy, with a good idea you could always involve whoever would eventually fund the trip. Thanks to Franco Nicotra, the project met with the favor of the municipality of Gualdo and other entrepreneurs who would host the entire Stella Family during their Italian stay. In the new world I was discovering, only merit counted, and if I did not show that I had earned it, I should have paid more attention to Lee Iacocca's advertisements when he saved Chrysler from bankruptcy: "In this business you are either a *leader*, a follower or get out of the way!"

Lee Iacocca, born in Pennsylvania's Allentown, was a friend of the two Frank's (Stella and Sinatra) and before that of Jeno and another Frank (Annunzio), an unforgettable political leader in Chicago and the "Italian" caucus in the Washington legislature. It was in fact Annunzio who submitted to President Carter's Congress, the Chrysler bailout project with the support of the newly formed NIAF, which also secured the support of the Republican wing. The first state loan that was perceived as a social/socialist financial aid. Needless to say, Lido Anthony Iacocca, son of Benevento, saved Chrysler.

If you are reading these lines today, it means that our trip with Frank Stella's extended family also went well. In fact, very well because we arrived with 46 people on board a bus, escorted by the police with the whole of Gualdo Tadino waiting for this now famous fellow American. Enrico Manca had a team of technicians and TV operators working, sending, live, the stages of the arrival of the president of the Italian American lobby (by now the NIAF was being defined with all kinds of neologisms). Frank stepped off the bus that was supposed to arrive at the town square to shake the hands of a cheering crowd. Like Christ's entrance on Palm Sunday in Jerusalem. On the way to the town hall, all uphill, Stella found more cousins and friends of his parents than he could count in America. It was quicker to count those who were not related to this Detroit family who were discovering the embrace of their roots. Meetings with so many people just to shake Stella's hand and take a souvenir photo. It should be noted that all the local program and logistics, for the Stella Family's return to their roots, were coordinated by Communist Mayor Rolando Pinacoli, an intelligent young man serving his community with special dedication. Enrico Manca, a socialist, was inflamed to the point that he confidentially told me that if he had the chance to take a picture with President Reagan, he would do an outstanding story on the NIAF gala and run it at least five times in prime time. I replied to him that no one could promise what he was asking for and, in any case, we would do everything to have, not only RAI but also him at our gala. Incidentally, our bus on the way back to Rome, stopped at the Autogrill for a coffee break. Susy, busy following the group, was the victim of the theft of her wallet. It was an opportunity to better understand this new culture I was studying. Italians at the time would have had many words of comfort for Susy and maybe even some special prayers. Our group of Americans spontaneously came together to raise a cash amount that exceeded, by a small amount, what had been stolen.

Back in Washington, once again the geniuses Jeno and Frank devised, with the great Rotondaro, a solution that produced ten passages, in prime time, of the service that still sometimes pops up again today when discussing NIAF history. Enrico Manca was seated in the second row of the VIP box, from where President Reagan spoke to guests who had come from all over the U.S. and, for the first time, from many regions of Italy. On three rows sat all the VIPs of the evening, in the second row above their heads sat members of the NIAF Board of Directors, and on the third row, even higher up, sat friends and some key players in the generous donations that NIAF so desperately needed to grow. The front row consisted of two wings of honored guests, left and right, separated in the center by the podium with the microphone for President Reagan. Enrico Manca was seated in the center of the second raised row so that throughout the President's speech, for Italian TV, only two faces could be seen: that of the President and, several flashes of Manca's serious and attentive one. Thanks to RAI, Italy knew the dimension of the new culture of an ethnic group that was having a success always monitored, with interest, by the Italian media.

From here began a dialogue enhanced by a series of initiatives that were opportunities for NIAF to discover its roots. This was the period in which the civil rights movement for African Americans had been amplified by Alex Haley's masterpiece, *Roots*. The Pulitzer Prize-winning book was brought to television where, in eight episodes, everyone had been able to see the exploits of Kunta Kinte who, through the will to survive slavery and discrimination, had inspired all American ethnic groups who, in other ways and at other times, had encountered various difficulties in fitting into the new world. We are just past the middle of the magical 1980s and the presence of "Italians in America" is now a reality. We talk about Italian American Power and all those which immigrants from Italy did to "build" their New World success. The funniest phrase that went around like a refrain *"Italians worked in the mines, paved the roads, built the tunnels, the dams, the bridges, the railroads and then gave it the name: America."*

Jeno and Frank had created a fantastic phenomenon by basing everything on the enthusiasm of young people who wanted to work for free for NIAF where there was a unique opportunity to meet successful Italian Americans. Dr. Kenneth Ciongoli (from Vermont) whom Jeno identified as the future of the Foundation because he was born in 1943 while he could never pronounce his name always introducing him as "Dr. Congioli." Judge Arthur Gajarsa, a native of Norcia, Richard Grasso president of the Wall Street Stock Exchange, Geraldine Ferraro, Matilda Cuomo, Angelo Mozilo, James Schiro, Frank Guarini, just to mention a few prestigious names among the VIPs of the Italian American community. I remember the account of James

Schiro, then president of PricewaterhouseCoopers. James was born in New Jersey and his grandparents were originally from Siena. *"I had always been told that Siena was famous for a horse race. Today that America has given me the opportunity to visit my grandparents' city, I am crazy to discover that, with Florence, Siena was one of the cradles of Italian language and culture."* Schiro also left us, at just 68 years old, proud to have discovered the full truth about his origin. In the shadow of these giants matured the young FIERI, the association of students and young professionals that, under the presidency of the very young John Calvelli, started at Fordham University, and we met them at Marymount College in New York City. Young John, supported by his older brother, Louis, understood the importance of organizing new young people of Italian descent by connecting them with Italy and the U.S. national university fabric. They were as determined as only those born in the South Bronx know they are, with the advantage of also being Calabrese before they were Italian Americans. They, too, found a place in the NIAF, which now seemed to be able to motivate even satraps. Arthur Gajarsa was chosen to succeed the two founding giants, with little room, according to what I personally observed, to adapt the new NIAF to the changes needed to change the helmsman. A highly successful lawyer, (appointed a judge, of the Supreme Court of Appeals, by President Bill Clinton) who, with more space, support and cooperation, perhaps could have put some less tolerant rules in place to curb the creeping politicization that inevitably all human success attracts. Culture, often seen as the spare tire of success, knew better attention upon the election of the late Dr. Ken Ciongoli finally to the NIAF presidency. Still little space was allowed for the attempt to better explain to all who acted in the ranks of NIAF, the importance of history and especially of understanding one's cultural roots, to better understand one's identity. The priority was "fundraising" to deal with travel, requests, programs, projects, and all that a regional Italy (20 governors and 8,000 mayors) demanded of the tight handful of employees and young volunteers, led now by John Salamone. The relationship with the great Rotondaro, worn down by fatigue as a pioneer of a now-structured

NIAF, precipitated when the dialogue between Rotondaro and Sala-mone resolved itself into a contest be-tween those who could best meet the new demands from the NIAF. John Salamone, who special-ized in journalism, won, and the new NIAF needed PR, newspaper articles and tele-vision interviews. To be fair, Fred Rotondaro, under whom Salamone worked, had all the qualifications and was doing a good job while the younger Salamone's importance grew in propor-tion to the need to amplify, beyond established contacts, the commu-nications department. The Board of Directors was being enriched with doctors, lawyers, politicians, hotel managers introducing a new philanthropic philosophy. The wall of honor, on which of course there is also the testimony of my family with a beautiful phrase en-graved in bronze, "Proud to be Americans — Proud to be Italians," was a very productive idea and induced former Ambassador Peter Sec-chia, to donate $500,000 to pay off the mortgage of the current NIAF headquarters, which, precisely, is named after the late Peter. Each of us then purchased the opportunity to put our names on the various NIAF offices, and my Family's name can still be read on Elissa Ruffino's communications office, a privilege we obtained with the usual donation. I have always felt that each of us is, at the end of the day, what we can communicate about ourselves to others.

MY EXPERIENCE WITH VINCENZO SELLARO'S OSIA,
UNDER THE PRESIDENCY OF JOSEPH SCIAME

OSIA was not standing idly by, however, and in the wake of the fashion of being Italian, which now had a more positive than folk-loric meaning, the Sons of Italy also created a different style to cele-brate their annual gala, which took the name NELA GALA, the idea of the volcanic Phil Piccigallo. National Education and Leadership Award (NELA), distributed scholarships to the children of Italian Americans and recognized each year, Italian leaders who had distin-guished themselves in any field.

The oldest and largest foundation of Italian Americans, OSIA was founded by Vincenzo Sellaro on June 22, 1905; he spoke mostly

American because in 1905 emigrants from the Bel Paese were, for the most part illiterate. Dr. Sellaro was from Polizzi Generosa, in the province of Palermo. The family supported by his father, an honest cobbler, convinced him to go to Naples where he graduated in medicine. He emigrated to New York and enrolled at Cornell Medical School, where he was licensed to practice medicine in America. Observing how discrimination against Italians, who, unlike the cats and dogs of Americans, did not even receive a headstone, he decided with the help of five friends, to find a mutual aid society that would identify, where possible, the desperate people who were dying so that they could let their families know where they could bring them a flower. One sentence accompanied the oath of those 6 Founders, that June 22, 1905: *"As long as our children and our children's children have even a single drop of Italian blood, in their veins, they must speak the Italian language."* Those 6 pioneers, founders of a movement of which even they perhaps did not realize how immense it would become, were among those few who knew and spoke the Italian language: Lawyer Antonio Marzullo, Pharmacist Ludovico Ferrari, Sculptor Giuseppe Carlino and two Barbers, Pietro Viscardi and Roberto Merlo. The purpose of the Order of the Sons of Italy in America, which would become OSIA, was to fight against the discrimination and perception that accompanied the great South European immigration to the New World.

Italians suffered from the disadvantage of being, for the most part, illiterate, and this limited them in their ability to communicate or rather to defend themselves against all that follows from ignorance. Vincenzo Sellaro, founder, among others, of the first Italian hospital in America (Columbus Hospital), had understood, on his own skin, how important it was to maintain mastery of the language in order not to lose one's culture. In 2005 OSIA celebrated with the National President, Joseph Sciame, son or grandson (grandparents emigrated from Sicily), from Polizzi Generosa (Palermo), recited Vincenzo Sellaro's Pledge of Allegiance, on the steps of the New York City Hall, completely in the American language. A word of great esteem and recognition to the first among the most loyal citizens of the Italian community in America. I will always remember as such Joseph Sciame whom I served, as the first and last OSIA Ambassador, when "Joe" was National President of the Order. Together we organized a tour with the largest group of participants in the history of OSIA, (over one hundred people), to Italy where we were received by all the highest Italian authorities, including President Azeglio Ciampi, at his residence, Palazzo del Quirinale. We announced the OSIA Centennial to the Italian Parliament. Before returning to New York, we organized a historic dinner, at which the first Minister for Italians Abroad, Mirko Tremaglia spoke with various parliamentarians from the constitutional arc, entertained and presented by Paola Saluzzi and Tony Renis (Mr. *Quando, Quando, Quando*), two icons of Italian and international television. We were, for the occasion, in the Vatican area at the huge hall of the oldest hospital in Europe (now a historical monument), Santo Spirito in Sassia, built in 727 AD and renovated around 1480.

Two years of militancy with OSIA remain in my memories as a serious complementary period to my destiny as an American of Italian descent. My encounters with the larger community of Americans of Italian descent, encountered while traversing the states with densities most significant of the presence of those who called me "paisà," made me think of what my mentor advised me when Judge Arthur Gajarsa telephoned me from Washinton and asked me to meet with Paul Polo and Phil Piccigallo, respectively president and director of the Sons of Italy. Judge Gajarsa, former president of NIAF, told me that OSIA needed a breakthrough in their relationship with Italy and I could become their first ambassador. That was in 2002 and it was the last year I attended the NIAF GALA meeting, among others, Sophia Loren, Robert De Niro and the then President of the Senate, Marcello Pera. It was a memorable gala directed by Chairman Dick Grasso, a great man, a simple and approachable friend, like all true great men. By now NIAF and OSIA were competing for the podium, richly deserved by an ethnic group that had put its excellence in synergy with Italy. This was what Frank Stella said to me urging me to reflect on the decision to represent OSIA: *"You are used to working with the new Americans of Italian descent, the new elite of our ethnic group. If you accept you will have to downsize your role because you will be working with those who are many years behind in the new relations with Italy."* I had left my position as NIAF vice president to devote myself to my business. Times were changing rapidly, and I had considered my adventure in the service of a NIAF that, among many innovations, had also changed its logo. The pioneers, Jeno and Frank also needed to be more present in their business operations that had many employees. While the new NIAF was busy studying new initiatives to attract new Italian immigration, OSIA had founded, in 1991, the Sons of Italy Foundation, to have an official shield against vilification of Americans of Italian descent. An initiative that should have been applauded by all Americans of Italian descent, regardless of their membership in one foundation instead of another. Bravo to OSIA!

The new paradigms, inspired by Frank Guarini's new leadership, were different from those we had observed for 27 years to create NIAF. As I increasingly perceived NIAF as the logical complement to OSIA. In the face of the emotional wave, created by the fashion of Italians arriving in increasing numbers at NIAF events, I thought it was useful for OSIA to reinforce the values of the new American culture of Italian origin. The reality of Italians who watched baseball instead of soccer, ate more American than just Italian, believed primarily in freedom made in the U.S.A with the willingness, outside the fashion of the moment, to also learn about the culture of their origins. All this was with respect for the new culture generated by Americans of Italian descent, which I considered complementary to that of an Italy now co-founding Europe.

Paraphrasing William Isaac Thomas, *"What man perceives to be real will then become real in his consequent actions,"* I was thinking positive and still had a sense of achievement and adventure. Let's not forget that there was a 30-year difference between Frank Stella and me, and my relationship with Frank Guarini, the new NIAF president, was different from the one I had with the Founders, Jeno and Frank. Generous leeway was granted, for my role, to become OSIA Ambassador. The golden lion with the small diamond reserved for VIPs of the Sons of Italy, was pinned by Phil Piccigallo, to my jacket.Grand Officer Joseph Sciame was elected National President of OSIA with the task of preparing, together with the new Ambassador, the Centennial celebrations of the Sons of Italy in America. I remember then that everyone, including Jeno, Frank and Gajarsa were always and everywhere, members of OSIA. Joe Sciame was genuinely concerned about my presence because I was known in Italy as Mr. NIAF. I asked Joe to believe in my sense of professional respect for work and hierarchy. Thus began a project that is still part of OSIA's glorious history today. I did not renew my commitment for an additional two years because (in 2005) I sensed some rivalry between Phil Piccigallo and John Salamone, the national directors of OSIA and NIAF. Piccigallo's dream, with President Bush in the White House, was to be able to meet President Berlusconi, who then enjoyed great popularity, and as the friendship of the two presidents was known to the world. I was able to get Piccigallo to meet with President Berlusconi thanks to the interest of the then minister of parliamentary relations, Carlo Giovanardi. The photo I personally took of Piccigallo, witnessing the brief greeting between him and Berlusconi, was published without the permission of Palazzo Chigi. There was no malice or instrumental motive, just a playful enthusiasm that was unwelcome by Salamone and the NIAF.

But let's go back to Vincenzo Sellaro to understand how the very "Italian" character of his idea, had great success and with success began those processes that Stella was fond of mentioning in all his speeches: *"We are the most creative, most elegant ethnic group, bearers of culture, art, history and cuisine. No one can boast as many qualities as the Italians. We have more virtues than any other group and compared to others, only two flaws: we are jealous and envious."* Clearly, we still encounter those flaws today when we think about those among us who achieve success. We are the first to suspect some "connection" that may have favored "those who have made it" because, for an even more mysterious reason, we first suspect that those among us who have succeeded have received help outside of meritocracy.

Sellaro's leadership lasted from 1905 to 1922 when, having joined the Garibaldi Masonic Lodge, New York, he was elected "Grand Master (Worshipful Master)." Thanks to the participation of at least 28,000 enlisted, OSIA members, of whom more than 2,000 were killed or wounded, by the end of the war in 1918, the Order attracted more than 125,000 new members among 24 American states and two major Canadian provinces. Vincenzo Sellaro's message had reached the Italians of the great first emigration as a true mutual aid organization was ready to receive more brothers from an Italy devastated by war when it had not yet been fully united. Sellaro was admitted to Columbus Hospital, which he founded, on Sept. 18, 1932, with a series of ailments typical of those who even today dedicate their lives to others without sparing themselves. He had arteriosclerosis, heart disease, diabetes, and renal failure. On November 28, 1932, he died at the age of 64. The idea of bringing Italy and its children together, wherever they were in the world, had been realized by a man never recognized enough for his insight.

The constant quest to bring successful Italian Americans closer to Italians and young people was about to be reformed to benefit new waves of interest. At the same time, I proudly recall my attendance, as ambassador of the Sons of Italy, at OSIA's sixteenth NELA GALA where, for the first time in history, President George Bush attended with Prime Minister Silvio Berlusconi, witnessing another major event that legitimized the nonetheless successful competition, for Americans of Italian descent, between NIAF and OSIA. The year was 2004, and OSIA put another historic date in its long history of supporting the dream, now reality, of Vincenzo Sellaro.

Consolidated in me, with all the experiences that my fortunate life had given me, was the idea of creating a strictly cultural foundation to emphasize the importance of long-term investment. It is normal that in my maturity, I was now 56 years old, I would have to decide whether to consider my NIAF/OSIA adventure closed or try to leave something of what I had learned in so many years of social work. Thus was born, with the approval of the Italian Embassy in Washington, the Italian Language Inter-Cultural Alliance (ILICA), the Foundation dedicated to the promotion of Italian language and culture. A thought of gratitude goes, after twenty years, to my never forgotten friend, Minister Alberto Galluccio.

NIAF AS A PHENOMENON THAT CAME OUT OF THE SONS OF ITALY

From where it all began, it came in 1976, birth of the NIAF where Americans of Italian descent sought to be recognized in Washington as well as in the lodges. No more dinner dances but, programs that could engage with successful great Americans of Italian descent, with postwar Italy, champion of style, fashion, design and above all, in 1985, the world's fifth industrial power. Oscar winners Sophia Loren, Roberto Benigni, Lina Wertmuller; politicians Giulio Andreotti, Bettino Craxi, Janet Napolitano, Rudy Giuliani, Leon Panetta. The list can be found on Google, from 1976 to 2022, where some 214 awardees will be counted. Not to mention the reopening of the New York Gala, in 2000, which after three years secured NIAF nearly half a million dollars in donations, a testament to how much the New York Community, second to none, needed to learn more about its roots. Let us not forget that "The New York Columbus Day Parade" paraded, for the first time, in 1929 in East Harlem. In 1944 it was declared an "official celebration as the Italian heritage of the participants." Today, thanks in part to the Columbus Citizen Foundation, the Fifth Avenue parade attracts not only Americans of Italian descent and Italians but also spectators from around the world. And the Columbus Citizen Foundation has gained, by rights, an international dimension.

In a few lines I have tried to describe the phenomenon promoted by the intuition of Jeno Paulucci and Frank Stella. The whole world in the 1980s/90s was divided by "Italian Power", between Italians and those who wanted to be Italian. We have not yet counted all the great NIAF evenings in California where we must remember the incredible work of Jeffrey "Jeff" Capaccio, a successful lawyer whom I had the opportunity to introduce to NIAF in 1987. Jeff was just 28 years old and, as a young lawyer, wanted to gain experience with the Foundation, which he saw as the hope for children, like himself, of first-generation Italians. Somewhat like his friend John Calvelli, with whom he shared a talent for organizing the "real" contacts between the two worlds. We still remember here Calvelli's FIERI who deserved to be "recognized" outside of politics to fulfill their founder's dream. Jeff's mother, of Campanian-Calabrian descent, met the "Ligurian partisan," of Calabrian descent, Mario Capaccio, in Casarza Ligure; they returned to San Francisco where they married. Jeff always credited his mother with teaching him the Italian language. She had been born in San Francisco while growing up in Italy where her grandparents returned when she was only three years old. Jeff Capaccio's initiatives would need a chapter just for him. From ambassador of Genoa to the world to founder of the Silicon Valley Italian Executive Council (SVIEC), an association that still brings together more than 1,500 top Italian and American executives of Italian descent in the high-tech sphere of Silicon Valley. His position as a consultant to the prestigious San Mateo law firm, Carr & Ferrell, LLP enabled lawyer Capaccio to weave an incredible network of contacts between Italy and California, i.e., the U.S., in the high-tech field. Regional vice president and NIAF board member, Jeff Capaccio remains in my memory today as the example of what should be the true inspiration of initiatives between Italy and the United States. Joseph Cerrell of California, served as NIAF president while another historical figure, Jack Valenti, served to amplify the undoubted merits of Palo Alto lawyer Jeff Capaccio. Indeed, it was these giants who created, after Washington and New York, the West Coast NIAF Gala. I write with nostalgia and regret in the past tense because Jeffrey Capaccio passed away suddenly, aged only 62, on March 21, 2021. About the inspiration: Jeff spoke fluent Italian and of course his law degree from Santa Clara University made him, like his friend John Calvelli, the American ideals of Italian origin. Perhaps I am expressing emotional positions however speaking two languages, to make a case for one's cultural roots, is an advantage that helps in no small part to explain the idiocy of stereotypes. Pause. From Vincenzo Sellaro's historic insight from OSIA to NIAF, it would be appropriate to ask where the mothers of all these phenomena have gone because the few mentions of women jar with the avalanche of successful males.

WOMEN AND THE BIRTH OF THE NOIAW

Geraldine Ferraro was elected to the secretariat of the Democratic Party caucus, the party's voting force. A position that implicitly recognized American women of Italian descent, who were already an integral part of NIAF. Dr. Aileen Riotto Sirey, a psychotherapist, already had a role, along with Matilda Raffa Cuomo and Geraldine Ferraro, on the NIAF board of directors. The role of women in the Italian tradition relegated them to a "subordinate" role to that of men. I always speak of my perceptions as an observer of situations I was experiencing in my position near the top of the Foundation. Geraldine's election motivated Aileen to invite Matilda and Ferraro herself to her Manhattan studio to present a project already discussed with Roseanne Coletti, Bonnie Mandina, and actress Donna de Matteo. The project would communicate to the macho world the existence of women outside the kitchen who had joined men in the world considered, until then, less accessible to women. The acronym NOIAW, after 45 years, became an identity for all those young women who wanted to pursue professional careers. The National Organization of Italian American Women had been born and remained on the NIAF Board of Directors. It should have been clear that women would now receive due recognition for their contributions to NIAF in the search for their cultural roots. Aileen's leadership was the best that NOIAW could have asked for in the 1980s because her insights, added to her experience as an expert in psychoanalysis, now posed the need for a more influential role of Italian American women in NIAF Board of Directors decisions.

Doubts were dispelled when Walter Mondale called, for the first time in history, a woman to challenge Ronald Reagan's presidency. That woman's name was Geraldine Anne Ferraro-Zaccaro and the NIAF under Frank Stella with chairman Jeno Paulucci were perhaps more diplomatic than enthusiastic with the first American of Italian descent at the historic 1984 NIAF dinner when, with the presence of the four candidates, Reagan/Bush and Mondale/Ferraro, the Foundation reached out to the world with its media message: America had finally recognized the success of the new ethnic group.

NOIAW began a new journey by meeting some of Italy's prestigious women leaders, from the famous writer Dacia Maraini to Tina Anselmi, president of the P2 Commission (a subversive organization that aimed to change Italian democracy). Cultural trips from the U.S. to Italy and the promotion of female students, with scholarship support, began a bilateral exchange of young women. My wife Susy immediately joined NOIAW while Ilaria began her collaboration with the Women's Foundation while still a student at Georgetown University in Washington, D.C. in 2002. The NOIAW, thanks to Aileen Riotto Sirey's leadership and her personal friendship with the likes of Geraldine Ferraro and Matilda Cuomo, took off like a rocket, sparking the interest of the U.S. and Italian women's movements. Also important was the interest of Baroness Mariuccia Zerilli Marimò, a true philanthropist in the promotion of Italian culture in the world, who through her determination and foresight, founded a point of reference for those who were serious about interfacing with Americans of Italian descent: The Casa Italiana (The Italian House) Zerilli Marimò .This landmark, at New York University (NYU) is always mentioned in the biography of this great woman, with the rhetoric typical of ancient cultures. The Baroness' multimillion-dollar donation attracted the unqualified attention of all those who were then trying, in some way, to find a leading place in Italy's interest, after NIAF, in promoting Italian culture in America. Of course, we always assume that everything we write was initiated by OSIA.

Casa Italiana Zerilli Marimò was founded in 1990 and was headed by a young Italian academic from Bozzolo, in the province of Mantua, Stefano Albertini. I had met young Stefano by chance during one of my frequent trips to Italy, and my company represented Zanini & Zambelli, a world-famous handcrafted doll factory. Mrs. Wilma Zanini had a dream: to put her doll production from Canneto Sull'Oglio, only 13 km. from Bozzolo, into the Providence-based multinational, HASBRO. We wanted to specifically mention Stefano Albertini Mussini, to bring attention to the cultural depth of a man who today is rightfully positioned in the history of Italy-U.S. relations of the last 30 years. Even today, in the memory of the Founder, Stefano continues the work begun by the Baroness, with the humility of the wise and the success of one who, by right, can represent the importance of Italian culture and language.

Let us not forget that we are recounting the years from 1977 to 2004, the years of the effort of many of those "pioneers" who are no longer with us today. Baroness Mariuccia Zerilli Marimò did not limit herself only to large donations and financial support to give substance to her philanthropic vocation. The Casa Italiana of NYU remains to this day, under the competent direction of Stefano Albertini, the concrete testimony of an ever-burning beacon to guide those who want to get closer to the real values of a culture that is however always evolving.

Every time an Italian of American descent or rather an Italian launches a new idea complementary to the diffusion of Italian language and culture in America, a race is set off to include the new initiative in Italian American programs. The Baroness was no exception when, drawn by all the Italian American cultural movements, she joined NIAF as well as NOIAW. She arrived when NIAF was already an elephant that had established its overt and powerful presence at the expense of agility that had led it, in a short time, to represent a phenomenon our people had never seen. The NOIAW had already gathered the big names of the most famous Italian American women and was finally becoming an active point of reference, for a more concrete presence of women's contribution to the presence of the Italian ethnic group in the U.S. The presence by right on the NIAF Board did not, however, prevent the Baroness from finding more fertile ground in the NOIAW Board, which will always remember the late "Mariuccia" for her inexhaustible promoting of the women's movement toward contemporary Italy.

Thus began a series of NOIAW return trips to Italy. Recall that the Baroness, widow of Baron Guido Zerilli-Marimò, had a distinguished resume in which her record as a member of the Permanent Delegation of the Holy See to the United Nations, Board of Trustees of the Frick Collection, Board of Trustees of NYU, The Guglielmo Marconi School of NY, and presence in an 'impressive list of international cultural associations of worldwide interest were highlighted. 2007 was the year NOIAW signed an agreement with the Italian Ministry of Foreign Affairs for an exchange and mentorship program, inviting Italian university students to work in fields of their interest with NOIAW figures. The logistics of that historic trip were assigned to the Rome office of the newly formed Italian Language Inter-Cultural Alliance (ILICA) where they operated, as representatives in Italy, in synergy with Franco Nicotra, Susy, and Ilaria Marra. Ilaria had previously worked with Matilda Cuomo in the program, designed by the former First Lady of the state of New York, *Mentoring* for New York State Public Schools. A program, *one-on-one mentoring,* to help elementary and middle school students improve their reading comprehension. The trip still constitutes a milestone in NOIAW's list of successes under Aileen Sirey's leadership. From Rome to Perugia, Parma, Brescia, a busload of "NOIAWs," with Baroness Zerilli-Marimò present, was met with interest and much enthusiasm. Aileen went on to celebrate that great success and organized a special dinner at Tony May's famous San Domenico restaurant, in honor of the Marra Family who, working with NOIAW, had followed, physically with Ilaria and Susy Marra, all the stages of the Italian tour ensuring the smooth running of the mission. Aileen presented a plaque to the Marra Family pointing out that, for the first time in 27 years since the creation of NOIAW, they were returning from Italy with positive proceeds (over $40,000) for the Foundation's programs. This success was due to the presence of the Baroness, Aileen's leadership, and most importantly, a synergy dedicated to the success of the project. Today, under the leadership of National Chair Maria Tamburri, NOIAW continues its path with the initiatives that have become, at last, tradition, of American women of Italian descent who, having come after Hispanic American and African American women, have nevertheless achieved their goal. Certainly, missing from the roll call are two icons of Aileen Riotto Sirey's great insight: Geraldine Ferraro and Mariuccia Zerilli Marimò. To them goes our gratitude and especially the privilege of having known them.

AMERICANS OF ITALIAN DESCENT IN THE 21ST CENTURY

Back to NIAF and OSIA indeed, OSDIA because today along with the eternal Joseph Sciame (from the same town as Vincenzo Sellaro), the Sons of Italy have a new acronym: Order of the Sons and Daughters of Italy in America (OSDIA). Of course, OSDIA claims representation of more than 26 million Americans of Italian descent in America and Canada with more than 600,000 active members in the North American continent, as noted on Google. Google also says that NIAF is the largest foundation representing more than 20 million Americans of Italian descent in the United States. We must admit that upon discovering Americans of Italian descent, a scholar might have some difficulty understanding the roles of the two major Foundations (not to mention the Columbus Citizen Foundation) representing our ethnic group. I, on a personal level, after a lifetime spent between NIAF and OSIA (now OSDIA) have a hard time understanding who represents me even though I encourage this race so that it will grow even more membership for those seeking to discover their Italian roots. After reading and rereading the book by my mentor, Dean Professor Anthony Julian Tamburri, I decided to write this modest contribution as a direct observer of some of the events that made us great. The "pioneers" only wanted to build the unity of our ethnic group, which, if memory serves, in the early 1970s had more than 2,700 associations in the 50 states while the NIAF membership program reduced them to about 700. A cyclopean effort because the prophecy of William I. Thomas, relative to the times in which it was written, could be replaced by his historic theorem that enunciated a milestone of modern sociology: "The Italians" had demonstrated that at the basis of their success, was their ability to accept the real situation in which they had evolved. The real consequences conquered, were finally there for all to see.

At the beginning of the 2000s, the world changes and the inhabitants of our planet must review their habits and expectations. The association forms of the 1900s, acquired and secured by a planetary system divided by unbalanced economic situations, open a forced pause for reflection. NIAF was no exception, which was considering new venues outside the Hilton now depleted in its 3,000-seat capacity and unable to guarantee security for its 3,500 potential bookings. The recession, fear of attacks and necessary security measures for flights reduced those bookings to less than half of the previous ones. Churches, temples, and synagogues saw an increase in worshipper attendance, on average, by 50 percent. Jeno Paulucci and Frank Stella had exhausted their momentum and at their ages, 84 and 83 respectively, deserved a rest they had never sought. Their successors I mention only for the good fortune of having known them: Frank Guarini, former Democratic congressman, in Congress for 14 years, philanthropist and New Jersey Democratic icon. Sal Zizza, of New York, a big businessman who succeeded prominent political consultant, Joseph Cerrell, of California. Following Dr. Ciongoli (From Vermont, 2005), Jerry Colangelo (from Chicago), and another financial giant from New York, Vincent Viola. Among the new giants of our ethnic group, we meet Gabriel Battista (1944-2020), more educated about Italy than many Italians. Louis Freeh, a lawman and traditional family man, Patricia de Stacy Harrison, and Salvatore Salibello. Now, before mentioning the new great NIAF Board post Jeno and Frank, I would like to relate a couple of anecdotes that relate me to two protagonists I was fortunate enough to introduce to NIAF, again as a modest servant of the Foundation. Sal Salibello wanted to talk to Frank Stella because he had ideas that could have served the new phenomenon that was now attracting everyone: Italians and those who wanted to be Italian. Sal came to my office, then on Fifth Avenue thinking he had to follow who knows what protocol. He was surprised when I told him that he could immediately talk on the phone with Frank, who resided in Detroit, to decide directly with him how and when to meet. Vincent Viola, on the other hand, attending the new Gala in New York that, as Regional Vice President, I had reintroduced before the fall of the twin towers, observed my familiarity with Dick Grasso, president of the Stock Exchange, and asked if I could introduce him. Vincent was already in the Olympus of the Commodity Exchange, and the two largest financial institutions in New York were divided by a street. In short, two giants that it would have been easy to think of as united, if not by friendship, at least by their names ending in vowels.

Needless to add, they all found themselves in the NIAF, in the Columbus Citizen Foundation, and what is now the largest network of Italian American associations and foundations. Of course, among the protagonists of the NIAF of the 1990s we must also remember those in positions of responsibility in large states, such as Pennsylvania and Illinois, Matthew Di Domenico and Egidio "Gene" Farina, respectively, did great work for the Foundation. They expended their energies and their lives to serve the cause of the ethnic group highly represented in the numbers of Italian Americans in the two states. How can we fail to remember attorney Arthur Furia, until a few years ago, the focal point of NIAF in Florida, His work solidified another chapter of regional success.

My opinion as an observer has me writing that the contributions of so many "regional" leaders, were often instrumental to the success of the NIAF Washington office. Farina, a native of Pesaro in the Marche region, spoke Italian and succeeded, among the many initiatives he undertook on behalf of NIAF Chicago, in bringing the musical group Pooh to Illinois. Written in this way today it might only have meant for us old-timers because even Pooh today has reached a respectable age, closer to 80 than 70. To measure the importance of what Farina (now also passed away) did, we must mention the sale of over one hundred million records in their career. Also with Pooh was the sister of FIAT President Susanna Agnelli who announced the creation of the Italian Telethon. Since then, the Italian Telethon, which began out of the interest of the Agnelli Family, has become a national Italian custom for raising funds to support research for the treatment of rare diseases.

Changes are often forced to ignore some detail, and NIAF in Washington was no exception when NIAF had now become an "Embassy" for Italian Americans. The Columbus Citizen Foundation in New York, UNICO in New Jersey, NOIAW, and a tsunami of new associations are still here to testify that the time of card games, to play for a coffee, are now part of nostalgia and remembrance. All those who cared about the continuation of the success celebrated and promoted in Washington are structured in new association forms, without the cards and coffee. Matthew Di Domenico of very jovial character spent his time also thinking about the future of NIAF by promoting many young talents. Prominent among them all is the name of a very young lawyer, Linda Carlozzi who, after years at the head of the Italian Welfare League in New York, found her recognition in her election to the NIAF Board. Congratulations!

By now off the NIAF and OSIA guest lists, I found myself back in that Hilton room at the October 2011 NIAF Gala. Frank Stella was not there because he passed away on September 27, 2010. By a strange combination of fate, Lois Paulucci, the great Jeno's beloved lifelong companion, died four days before her "little big Man," on Nov. 20, 2011, while Jeno followed her on Nov. 24. Equally sad news was the one that all Italians abroad learned, with great sorrow: the passing of Mirko Tremaglia. Just a mention to remark on my fortunate life that bound me to Mirko by a deep friendship. The Minister for Italians

Abroad was tireless in wanting the vote for Italians who lived outside the Italian borders arguing that our evolution and political consciousness, would bring even more support to the Bel Paese. Franco Danieli, the minister who succeeded Tremaglia, will always represent, for me, proof of the need to work together to win. If my friendship with Tremaglia remains proven by an unbounded mutual esteem, my relationship with Danieli was even closer since his trust privileged me beyond what I could have hoped for. Franco, of different political beliefs than Tremaglia, I will always remember him as one of the most honest lawyers lent to politics.

However, let's go back to the reason why, in 2011 I was in Washington, after nine years, at the NIAF Gala. I arrived, with my family, to honor Claudio Bozzo, the young president of MSC North America, who was receiving the special award for young entrepreneurs. He, along with Professor Tamburri, were already on the Board of the new Foundation, ILICA, created for the sole purpose of drawing the attention of the Italian American group to the importance of Italian language and culture as a means to better understand the meaning of one's roots. Interesting note, Giorgia Meloni, in her early 30s, represented, as minister of youth, the Berlusconi government at the 2011 NIAF Gala. Note that the young Giorgia showed up at the Gala in a uniquely elegant tuxedo/tuxedo on a girl where nothing predicted her future as the first woman in the role of prime minister of Italy. Yet, that tuxedo so original (there were not a few ladies in evening gowns who noticed that originality) was little in tune with the rhetoric of the speech that young Meloni read in very understandable English, with confident tones and a firm voice. We all thought it was written for her because, as with all young people there are those who, with a more mature age, always think they have more experience. The next morning, I wanted to meet that "little girl," and, with Susy, we were on time for breakfast where we heard an address of greeting "at arm's length," more in keeping with the character that a few years later the whole world would have a chance to appreciate. Too bad there were only a few survivors of the previous night's festivities, which had lasted into the wee hours of the morning, and only about 20 distracted and sleepy people were able to appreciate the political strength of the "little girl." Another fortunate event in my life as a participant observer of so many historical events. And 2011 was also the last time a U.S. president attended the NIAF Gala.

It was thanks to the great work of National Director John Marino and his contacts that President Barak Obama attended to the delight of the nearly 3,000 in attendance, a special evening. Special also because of the award given to Frank Guarini who, after taking over the success of Jeno and Frank, changed NIAF, starting with the logo and ending with the new reality we observe today. A final note on the changes I perceived in the three days of festivities organized by NIAF for the 2011 Gala. The first concerns the former president of the Italian Senate, Marcello Pera who, in 2002 was received at the NIAF Gala, with all the honors due to a political and academic authority of enormous depth. In 2011, Senator, Professor Marcello Pera was invited to present his book, written in four hands with Pope Ratzinger (Benedict XVI), "Without Roots." The lounge of the Hilton for the occasion had been transformed into a "Piazza Italia," and I take responsibility for my perception: *"It reflected the essential style of the former Little Italy and Arthur Avenue in the Bronx."* Numerous Italian brands, among which Alitalia stood out, and, without mentioning others, there were several pavilions, arrived from Italy with the promise and hope of making their products known or rather selling them to a crowd of curious onlookers who photographed them smugly. Senator Pera was invited to a raised platform that served as a stage, with a chair in the middle; they invited him to sit down and handed him a microphone to amplify his voice. A dozen or so people found the chairs comfortable for a break and it was clear they had no idea what the distinguished gentleman was doing with a microphone in one hand, a book in the other as he tried to scan his notes to better explain the significance of his presence. Just think, the book was about European relativism, the value of Christianity and Islam. The most humiliating thing was when the voice of one of the delicatessens started shouting from his booth, placed about five meters from the stage, *"Muzzarella, sausicce come on people, come and have a taste of Italy!"* I swear I felt embarrassed for Professor Pera and bitter because that scene was exactly what Jeno and Frank had managed to avoid in order to disarm the detractors of the finest ethnic group in the U.S.A. Yes, it is true, we are both genius and unruliness, while the spectacle just described appeared, to my eyes, more folklore than culture. What, on the other hand, I will never forget was the expression of John Salamone (now the lifetime national director of NIAF), who, running between booths, when he noticed my presence, looked at me with obvious surprise, *"And what are you doing here?"* I had always considered John a dear friend, and my answer was simple: "I bought a table for Claudio Bozzo and thought it would be a good opportunity to see many friends like you again." Without judging or commenting on the reasons that have temporarily downsized our Washington rallies to just over a thousand attendees, as opposed to 3,000/3500 in the early 2000s, I would still like to at least try to express my perception.

Technological and computer advancement along with social changes, which we have already discussed, have influenced in no small measure the reduction of participants in attendance at annual events. In the end, I condensed over 40 years of observations into a few anecdotes and episodes that I felt were important. Memory helps a lot to look back tolerantly at the past trying to remember all the positive in our experience, we were much younger. While maturity helps us to better understand how important it is to leave, to those who come after us, our knowledge and experiences so that they can be analyzed in the historical context of those who could never relive them. Perhaps Jeno and Frank were right who lived by the motto *"Don't let the right know what the left is doing."* Their leadership, courageous and solid in the principle of human respect, helped produce those benefits that we all continue to enjoy.

I think I am not offending the memory of those who left us a rich and difficult legacy if with Jeno and Frank I also remember Vincenzo

Sellaro. The new generations have the Internet, Google, Alexa, and Siri explaining exactly to the left what the right is doing. Not to mention the newborn Artificial Intelligence that will guide our avatars in the context of the now inevitable metaverse. Professor Tamburri's analysis in his *A Politics of [Self-]Omission* represents a desperate call for a new leadership culturally prepared to meet the new challenges. Ideals and politics have now exhausted their traditional function, and the crisis does not only affect our ethnic group. Technology and information technology are now the patrimony of a minority that cannot ignore the masses who, struggling with miserable human problems, are characterizing this beginning of the 21st century with biblical exoduses. The race for social redemption has prevented us from pausing to heed the calls of great philosophers (including Pope Ratzinger) about "widespread relativism," according to which everything equates, and no truth exists. The discovery that there is no absolute reference, again according to Ratzinger, *"does not generate true freedom, but instability, bewilderment and conformity to the fashions of the moment."* Jeno and Frank, who lived in the last century, had genius and unruliness in their DNA, characteristic of a questionable culture with a specific identity. Jeno returned every year to Bellisio Solfare (Pergola), Marche, to the town from where his parents left to work in the mines in the U.S. Jeno, an American multimillionaire, would carry the statue of the Madonna on his shoulders through the streets of Pergola with his "paesani" on the feast day. Frank Stella went to mass every morning because he believed that only with God's help would he be able to deal with daily problems. The sacred and the profane, the ideal and money, two great success stories shared "up close" with their roots. Their attitude could not have been any different as they, unlike the rest of us, were influenced by their grandparents, the first Italians who lived under the Statuto Albertino (written in 1848 and in force until 1861), the first Italian constitution that contemplated one religion and one God. The same constitution of King Charles Albert of Savoy (named after him as "Alber-tine"), later revived and updated by the first king of Italy, Victor Emmanuel II, also in French, in 1861.

I will, of course, leave the debate to those more qualified than me to discuss issues that a modest person can only observe and recount. This last paragraph is only meant to support the theses elaborated by Professor Tamburri in his *"A Politics of [Self-]Omission."* The exasperation of the religious concept, allegedly common to all Italians, i.e., Americans of Italian descent, has deep roots that only history can explain. Debating a phenomenon whose origin is unknown can only generate a comparison of opinions assumed on inaccurate information. The historical report proposed by Professor Tamburri in his book should be read by all Americans of Italian origin to understand the importance of cultural preparation, complementary to all new social and scientific experiences. Francesco Nicotra, NIAF representative in Italy, tried with maniacal insistence to convey the importance of Italian culture by founding and disseminating through Alitalia, his wonderful magazine *"Italy Italy."* Written in two languages, *Italy Italy* was decorated with fantastic images and photos to inform readers about the significance of the wonders of the cradle of Western culture. It was a great project in which Nicotra also involved his daughter Stefania while the result, with Americans of Italian descent, was inversely proportional to the effort put in. Most subscribing readers turned out to be of WASP and Jewish origin. In the year of the first very young president not elected by the NIAF Board, Franco Nicotra at least had the recognition of joining the Washington Board. Another important decision for the involvement of the younger generation in NIAF's mission. The current NIAF Board (2021-2025) has been called a powerhouse, and I am happy to see in it some of the people I consider a positive part of my memories, recounted in this modest Amarcord of mine: Joseph Del Raso, John Rosa, Roberto "Bob" Allegrini, John Calvelli, Kenneth Aspromonte, Professor Antonio Gior-dano, Senator Capri Cafaro.

To have hope we must nurture memory. We read in the principles of physics that "nothing is created, nothing is destroyed, everything is changed." A principle easily applicable to diplomacy and politics as well because, in a free and democratic society, there are no permanent winners or losers. There are (or at least there should be) different opinions that are useful in reaching a solution for the common good: competition not conflict.

WE FINALLY WON!

NIAF is finally recognized by all as the embassy of Americans of Italian descent in Washington. OSIA is finally OSDIA recognizing women the implicit role it had always guaranteed anyway. The Columbus Citizen Foundation has dropped the term "Club" simply because it is not representative of the variety of professions represented by its members. We stop at these best-known examples, without prejudice but only for lack of space and time. Our opinion is favorable and positive toward those who are now engaged in consolidating what we have achieved, all together, with so many sacrifices. Those we described as "very young" (Calvelli) are today men of clear depth and leaders in their efforts. We must also continue to support those we have not had the pleasure of meeting but who are contemporary role models for the youth of tomorrow, such as Bob Carlucci. A man who has demonstrated uncommon talent in life and business. He too, like so many of those we have mentioned through this testimony, will leave an innovative mark on the new NIAF. A mark that only history will tell how important that is, how demonstrative in the fight against the abomination of stereotyping.

The difference between Italians and Americans of Italian descent should form a common front to certify the common success achieved merely in a little more than a century. I think we are already all united and perhaps we have not realized it: the most deserving, among us, always alternate on the different podiums of the different Foundations. The same attempts to return to unify the many movements, local and/or national, are evidence of a success that we still do not perceive as ours. "They," for us, are a billionaire and millionaire caste, difficult to approach because success today is increasingly measured by economic value. I have a hard time remembering large

Italian donations to support the new American culture of Italian origin. The scholarships we give to our most deserving students are modest when we look at the real costs of studying today. Cultural exchange programs are perhaps not publicized enough because they are always negotiated between the academic leadership of the parties involved. I don't know if there has been any recent change, in cultural programs, because inherited or acquired culture is part of our DNA and we don't feel the need to fund it. Of course, I am also referring to the better times (1980s and 1990s) of the last century when it was normal to say that young people would not be able to contribute to our fundraisers. How it was normal to keep away academics always looking for funds to "make a few free trips to conferences that only produced costs."

The importance of working at the top of nonprofit Foundations for Americans of Italian descent should be considered a temporary privilege to enrich their lives with a unique and unrepeatable experience. Entering a serious program of "fusion of the two cultures, Italian and Italian-American," could become a historic project that only the world's finest ethnic group can accomplish. Just think where we were a hundred years ago. Our leaders need not to envy Walt Disney, fantasy and creativity: *"If you can dream it, you can do it."* Most of all those, with whom I shared my unrepeatable experience between the U.S./Rome and Washington, are either dead or long-lived (pass me that term) because after the age of 90 we are all long-lived. I am reminded of one of the most impressive cultural figures of the last century, Gay Talese, a 91-year-old "young friend" whom we can never call old. And what about the master of us all, Roberto "Bob" Viscusi, who left us a great testament to the cultural redemption of Americans of Italian descent: *Ellis Island,* "a poem of 624 sonnets in determined and immutable order." Just an example of two exalted minds (Viscusi was also Professor Emeritus of English and American Literature) to call attention to the need to point out this phenomenon to the Italian academic world as well as to insiders. Americans of Italian descent are not only rich, they are not only Americans, but they also have a DNA that, in a little over a hundred years, has brought them to the top of American academia.

Let us restart our new culture by recognizing our writers, poets, academics. Without them it will be difficult to remember that we even existed. One day, back on a mission in Italy, which I often did, I was watching television at night because of the time zone problem. At midnight a special on Ellis Island started, illustrated and commented in Italian by Professor Roberto Viscusi. Back in New York I asked Bob Viscusi why he never told me that he spoke perfect Italian. He replied, "Because you never asked me."

A common history will always have more strength and value when it finds the sharing of all who have experienced it.

By now we know that we are, more or less, all well off if we look back at our history, both Italian and Italian-American. We must move on to promote our culture through those who are struggling for the miracle of Americans of Italian descent to be culturally grounded in Italian culture. We are no longer the "Paisas" so celebrated by the folklore of those who watch us from Italy. Let us place our common focus on our common intellectual values that, in the long run, will produce more wealth than the many initiatives in existence are already producing. If we are moving toward inevitable globalization, let us invent the upward push because the evidence we are experiencing, illustrates a different picture from the one we all predicted. If a modern intellectual writes a book that sounds like a cry against relativism and power identified with the value of money, let us listen to him and create a table shared by the new leadership.

My testimony should have shown that it is always easier, amidst a thousand difficulties, to create a new success. The hardest part is sustaining and perpetuating that success because the competition is fierce. Let's give voice to those who can best explain why, as my friend Tommy La Sorda used to say, "The world is made up of two groups: the Italians and those who want to be Italian!" Let's give substance to the jokes that La Sorda loved to tell because underlying every irony is always a true story.

> *The secret of change is to focus all of your energy, not on fighting the old, but on building the new.* —Socrates

Index of Name

ABOUT THE AUTHOR

Although born in Rome, Vincenzo Marra defines himself as "An American by Choice." His life is a progression of education and hard work. In 1973, Marra moved to New York, married Susy, the love of his life, later became father to his Italian Princess, Ilaria, and now grandfather to his Italian Princess II, Lavinia.

He worked as a truck driver, followed by six years as the USA Representative for ITALCABLE and made up his mind not to return to Italy. With Frank Stella, Chairman of the National Italian American Foundation (NIAF) as his mentor, Marra learned the ways of American business and approached these endeavors with passion and professionalism. Marra was member of the Board of Directors of NIAF, Regional V.P. for NY, and acted as Advisor to the Chairman. He is listed in *Italiani Nel Mondo* and in *Who's Who Among Italian Americans*.

The Marra family created a non-profit foundation focusing on education for talented students dependent on financial aid to continue their studies. He has served on the boards of numerous non-profit organizations, received countless awards for his service and achievements, and is a sought-after speaker and advisor.

After 30 years working with Italian American organizations, Marra founded the Italian Language Inter-Cultural Alliance dedicated to the promotion Italian language as an instrument of understanding and study of a culture in continuous evolution, directed at Americans of Italian descent, and those ethnic groups that share interest in learning the Italian language as a key to understanding Italian culture.

ROBERT VISCUSI
—1941-2020—

Robert Viscusi was fundamental to the development of Bordighera Press; to its journal *VIA*: *Voices in Italian Americana*, and to the book series *VIA* FOLIOS.

One of his many ground-breaking articles, "Breaking the Silence: Strategic Imperatives for Italian American Culture," opened the *VIA*'s inaugural issue. In like fashion, his keenly satiric, genial long poem, "An Oration upon the Most Recent Death of Christopher Columbus," was the stimulus for the founding our first book series, *VIA* FOLIOS.

In later years we also published his epic poem, *Ellis Island*, a collection of sonnets whose "Star Review" from *Publishers Weekly*, that closed as follows: "[T]he sonnets are far from uniform, at times manifesting as short stories, at other times as short bursts of philosophical inquiry or bursts of pure song. This is a new delicacy for aficionados of creative poetry and an anthem of sorts for those who—however far removed from immigration—occasionally feel displaced from home."

ROBERT VISCUSI ESSAYS SERIES

Named in honor of the work of Robert Viscusi, this referred series is dedicated to the long essay. It intends to publish studies that are longer than the traditional journal-length essay and yet shorter than the traditional book-length manuscript. All books are peer-reviewed.

Linda L. Carroll. *Thomas Jefferson's Italian and Italian-Related Books in the History of Universal Personal Rights. An Overview.* ISBN 978-1-59954-144-0. Volume 1.

Luisa Del Giudice, ed. *Triangulations within the Italy-Canada-United States.* ISBN 978-1-59954-164-8. Volume 2.

Alfred R. Crudale. *The Voices of Italy: Italian Language Newspapers and Radio Programs in Rhode Island.* ISBN 978-1-59954-181-5. Volume 3.

Laura Ruberto and Pasquale Verdicchio, eds. *A True Story or Maybe Not: Pasquale Stiso and His Failed Immigrant Tale.* ISBN 978-1-59954-183-9. Volume 4.

Luigi Pirandello. *The Coazze Notebook.* Translation and Introduction by Lisa Sarti. ISBN 978-1-59954-154-9. Volume 5.

Anthony Julian Tamburri. *Italian Diaspora Studies and the Univer-sity. Professional Development, Curricular Matters, Cultural Philanthropy.* ISBN 978-1-59954-200-3. Volume 6.

www.ingramcontent.com/pod-product-compliance
Lightning Source LLC
Chambersburg PA
CBHW052138270326
41930CB00012B/2935